TRES MESES EN LA ESCUELA DE *Juan*

TRES MESES EN LA ESCUELA DE *Juan*

Estudios sobre el Evangelio de Juan

Justo L. González

ABINGDON PRESS
NASHVILLE

TRES MESES EN LA ESCUELA DE JUAN
ESTUDIOS SOBRE EL EVANGELIO DE JUAN

Derechos de autor © 1998 por Abingdon Press

Library of Congress Cataloging - in - Publication Data

González, Justo L.
    Tres meses en la escuela de Juan: estudios sobre el Evangelio de Juan / Justo L. González.
        p.   cm.
    ISBN 0-687-02208-8 (pbk : alk. paper)
    1. Bible. N.T.   John—Study and teaching.   I. Title.
    BS2616.G66   1998
    226.5'0071—dc21   97--52047
                                                    CIP

Leonardo Ferguson, Artista de montaje

PUBLICADO EN LOS ESTADOS UNIDOS DE NORTEAMÉRICA

Índice

Ilustraciones

Introducción

E ste libro es una invitación al estudio y a la aventura. Como estudio, requerirá disciplina. Como aventura, le ofrecerá nuevas vistas y nuevos descubrimientos. Veamos primero lo de la disciplina. Todas las metas importantes en la vida requieren disciplina. Si un joven quiere llegar a ser médico, o una joven quiere ser abogada, desde sus años mozos tendrán que seguir una disciplina de estudio y aprendizaje. Si nos preocupa nuestra salud física, establecemos y tratamos de seguir un régimen de ejercicio y de alimentación. Los atletas que se preparan para las competencias olímpicas se someten a una rígida disciplina por años y años. Y sin embargo, cuando se trata de la vida espiritual, son pocos los cristianos que se someten a una disciplina para desarrollarla y fortalecerla. Por aquello de que hay que «orar sin cesar», no apartamos un tiempo para la oración. Y, porque la Biblia siempre esta ahí, para abrirla y leerla cuando la necesitemos, no establecemos un régimen de estudio. El resultado es que tanto nuestra oración como nuestro conocimiento de la Biblia sufren, de igual manera que sufre el cuerpo cuando en lugar de seguir una dieta ordenada y una disciplina de ejercicio comemos cuando nos parece y hacemos ejercicios esporádicos, sin ton ni son.

Lo primero que se requiere para tener una disciplina de estudio es apartar un tiempo y un lugar. Los estudios que ofrecemos en este libro siguen un ritmo semanal: cada semana habrá seis estudios breves y uno más largo. Si todo su estudio es en privado, usted requerirá al menos media hora diaria para los seis estudios breves, y una hora para el más largo. Piense en su calendario semanal y determine cuál es el mejor tiempo para dedicar al estudio. Aparte ese tiempo, y haga todo lo posible por ser fiel a ese compromiso. Poco a poco, de igual modo que sucede con el ejercicio físico, ese ritmo de estudio irá cobrando importancia para usted, hasta llegar al punto que, cuando por alguna razón no pueda seguirlo, le hará falta.

Si, por otra parte, usted participa de un grupo de estudio bíblico, y ese grupo se reunirá una vez por semana, establezca un ritmo tal que los seis estudios más breves caigan en los días en que usted estudia en privado, y el más largo caiga en el día en que el grupo se reúne.

Empero no se haga ilusiones en cuanto al tiempo apartado para el estudio. La vida siempre tiene sus interrupciones inesperadas, y por tanto son pocas las personas que pueden seguir una disciplina de estudio ininterrumpida. Algún día, tarde o temprano, se le hará imposible estudiar durante el tiempo que usted había apartado. En ese caso, no se desanime. El mismo día, aunque a otra hora, trate de dedicarle al estudio el tiempo que no pudo a la hora prevista.

Casi tan importante como el tiempo es el lugar. En la medida de lo posible, haga su estudio privado siempre en el mismo lugar. De ese modo evitará distracciones. Podrá tener allí su Biblia, su libro de estudio, su cuaderno de meditaciones personales y cualquier otro recurso que pueda serle útil.

La próxima cosa que es importante al desarrollar una disciplina de estudio bíblico es el método. Hay muchos métodos buenos para el estudio de la Escritura. El que aquí seguiremos consiste en tres pasos fundamentales: *ver, juzgar* y *actuar*. Empero, antes de entrar a explicar cada uno de estos tres pasos, debemos recalcar dos elementos muy importantes, sin los cuales no puede haber estudio bíblico productivo: la *oración* y la *reflexión*.

Al momento mismo de empezar cada estudio, acérquese a Dios en oración. Pida que el Espíritu Santo esté con usted durante este estudio, ayudándole a entender su Palabra, y que esté con usted después de terminado el estudio, ayudándole a ponerla por obra. Recuerde a cada paso que, aunque esté usted en un lugar apartado, no está solo o sola, sino que Dios está allí con usted. No se trata solamente de usted con su Biblia, sino de usted con su Biblia y con el Espíritu Santo.

Tras unos minutos de oración, dedique unos minutos a la *reflexión*, repasando lo estudiado antes. Sobre todo, recuerde las resoluciones que haya tomado en días anteriores. Lea su cuaderno. Evalúe lo alcanzado, y pídale a Dios fuerzas para seguir adelante.

Siga entonces los tres pasos de *ver, juzgar* y *actuar*. Como usted notará, el material que se ofrece para cada estudio está organizado según esos tres pasos.

El primero, *ver*, consiste en examinar la situación ante usted. En muchos estudios en que se sigue este método, esa situación es un problema concreto de la iglesia o de la comunidad. En tales casos, *ver* es examinar el problema tal cual es. En el caso de estos estudios bíblicos, *ver* será examinar el texto bíblico mismo. ¿Qué dice? ¿Por qué lo dice? ¿Cuáles son los personajes principales? ¿Qué papel tienen en el texto? ¿Cuál es el contexto de lo que se cuenta o se dice? En esta primera etapa, no nos estaremos preguntando qué significa el texto para nosotros ni qué nos llama a hacer. Sencillamente, trataremos de entender el pasaje bíblico mismo.

El segundo paso, *juzgar*, consiste en analizar lo que hemos visto, ver su por qué, y qué es lo que significa. En el caso de estos estudios bíblicos, *juzgar* consistirá en preguntarnos lo que el texto significa para nosotros. En este paso, nuestras experiencias y nuestra situación concreta tienen un lugar importante. Leemos la Biblia a partir de ellas, y nos preguntamos lo que la Biblia nos dice al respecto. Luego, cuando decimos «juzgar», no queremos decir tanto juzgar el texto bíblico como invitar al texto a que nos ayude a juzgar nuestra vida, nuestra situación, nuestras oportunidades y responsabilidades. ¿Qué nos dice el pasaje que estudiamos sobre la iglesia, sobre nuestra fe, sobre nuestra comunidad? ¿En qué puntos afirma y apoya lo que estamos haciendo y lo que somos? ¿En qué puntos y de qué modos lo cuestiona o lo corrige? ¿Cuál es el llamado del texto a nosotros?

Los dos primeros pasos han de llevar al tercero: *actuar*. Lo que hemos *visto* en el pasaje bíblico, y el modo en que *juzgamos* que ese pasaje se refiere a nuestra realidad, requieren que *actuemos* de algún modo específico. No estudiamos la Biblia por curiosidad, sino para ser más obedientes a la voluntad de Dios. Luego, el proceso queda trunco si nos contentamos con *ver* y *juzgar*. En fin de cuentas, si hemos de ser obedientes tenemos que *actuar*.

Este *actuar* puede tomar muchas formas diversas, que dependen tanto del pasaje como de la situación en que nos encontramos. Por ejemplo, el estudio de un pasaje puede llevarnos a comprometernos más con los pobres y los necesitados de nuestra comunidad; el estudio de otro pasaje puede convencernos de que debemos dar testimonio de nuestra fe a quienes trabajan con nosotros; y el estudio de otro pasaje puede llamarnos a ser más fieles en nuestra asistencia a la iglesia. Además, *actuar* no siempre conlleva una acción física. En algunos casos, *actuar* puede ser orar fervientemente en arrepentimiento y contrición. En otros casos puede ser cambiar de idea respecto a algún prejuicio que teníamos. En unos casos la acción que se requiere puede ser concreta y a breve plazo—por ejemplo, llamar a un hermano a quien hemos ofendido. En otros casos, puede ser una decisión a largo plazo—por ejemplo, emprender una nueva carrera. Pero lo que siempre es cierto es que, si de veras estudiamos la Biblia en espíritu de obediencia y discernimiento, la Palabra que sale de la boca de Dios no volverá vacía, sino que hará aquello para lo cual nos fue enviada (Isaías 55:11).

Es importante recordar que no leemos y estudiamos la Biblia solamente para obtener *información*, sino también y sobre todo buscando *formación*. No leemos la Biblia tanto para enterarnos de algo, como para que ese algo les dé forma a nuestras vidas. En este punto vale la pena volver al ejemplo del ejercicio físico. Quien se dedica a él, no levanta unas pesas solamente para ver cuánto puede levantar (para informarse), sino también y sobre todo para fortalecer sus músculos, para ser capaz de levantar cada vez un peso mayor (es decir, para formarse). De igual modo, nuestro propósito debe ser que estos estudios bíblicos no solamente nos provean información, de modo que conozcamos la Biblia mejor, sino que también nos formen, nos hagan más conformes a la voluntad de nuestro Creador.

Esto implica que en cierto modo el método de *ver, juzgar* y *actuar* ha de ser como un círculo, y no como una línea recta. Lo que esto quiere decir es que el *actuar* ha de ampliar nuestro *ver*, de modo que en realidad el método debería describirse como *ver, juzgar, actuar, ver, juzgar, actuar, ver*. Cada estudio bíblico que completemos, cada acción que tomemos, nos capacitará mejor para el próximo estudio. Para entender esto, pensemos en un viajero que se encuentra en un valle. Allí *ve* dónde está el sol, ve un camino que asciende una colina, y ve un bosque frondoso. A base de lo que ve, *juzga* que no debe tratar de atravesar el bosque, sino que debe seguir el camino. Juzga además, por la posición del sol, en qué dirección debe tomar el camino. Entonces *actúa* y empieza a caminar. Pero pronto se encuentra en la colina, donde *ve* nuevas vistas que le ayudan a *juzgar* la dirección que debe seguir, y le invitan a *actuar* de modo que no pudo sospechar mientras estaba en el valle. Luego, el *actuar* le llevó a un modo nuevo de *ver*. Lo mismo sucederá en nuestro estudio bíblico. Según vayamos penetrando en él, nuevas y mayores vistas se irán abriendo a nuestro camino, de modo que no solamente el *ver* y el *juzgar* resultarán en un *actuar* más fiel, sino que también nuestro *actuar* resultará en un *ver* más claro.

¿Qué *recursos* necesitará usted para estos estudios bíblicos? En primer lugar, la Biblia misma. Siempre existirá la tentación, cuando el tiempo apremie y parezca necesario abreviar el estudio, de no leer la Biblia misma, sino contentarse con lo que se dice en nuestro estudio. Esa tentación será mayor cuando se trate de un texto muy conocido. Es importante resistir a esa tentación. El propósito de este libro es ayudarle en su estudio de la Biblia, no servir de sustituto para ella. En los estudios que siguen, hemos utilizado la versión comúnmente conocida como la Antigua Versión de Reina-Valera, Revisión de 1960. Por tanto, le será más fácil seguir nuestros comentarios si usa la misma versión. Algunas personas preferirán tener una Biblia de letra grande y amplios márgenes, donde puedan hacer anotaciones y comentarios. Eso es cuestión de su preferencia.

En segundo lugar, utilice este libro. Trate de ceñirse al ritmo de estudios que se sugiere, leyendo y estudiando cada pasaje en el día sugerido. La vida contemporánea se lleva siempre a ritmo acelerado. En lugar de hornear una carne por cinco horas, la colocamos en el microondas por treinta minutos. Y a veces queremos hacer lo mismo con nuestra vida espiritual. Si nos hace bien seguir uno de estos estudios bíblicos al día, ¿por qué no hacerlos todos de una vez? Aquí conviene volver sobre el ejemplo del ejercicio físico. Si alguien trata de hacer todo el ejercicio de un mes en un día, no obtendrá el resultado apetecido, sino todo lo contrario. De igual modo, si lo que deseamos es que la Biblia nos forme, que alimente y fortalezca nuestra vida espiritual, es necesario establecer y seguir un ritmo que podamos sostener a largo plazo.

En tercer lugar, necesitará usted un cuaderno donde anotar sus reflexiones, resoluciones y experiencias. Escriba en él, no sólo lo que se le sugiere en algunos de los estudios que siguen, sino todo cuanto le parezca pertinente. Anote allí algún tema que le pareció interesante, y que querrá estudiar algún día. Anote sus respuestas a las preguntas que se plantean en este libro. Anote sus resoluciones, sus dudas, sus logros, sus fracasos. Utilícelo al principio de cada sesión de estudio, en el período de *reflexión*, para ayudarle a recordar lo que ha ido aprendiendo y pensando a lo largo de sus estudios en este libro.

Asegúrese de tener siempre a la mano, al momento de comenzar cada período de estudio, todos estos recursos: su Biblia, este libro, su cuaderno de reflexiones y un lápiz o pluma para hacer sus anotaciones.

Hemos tratado de escribir los estudios que siguen de tal modo que no sean necesarios otros recursos. Pero si usted desea hacer un estudio más a fondo del Evangelio de Juan, le sugerimos los siguientes recursos: (1) varias versiones bíblicas distintas, para compararlas; (2) uno o más comentarios sobre Juan; (3) un diccionario de la Biblia; (4) un atlas bíblico. Estos recursos pueden serle particularmente útiles si el séptimo estudio de cada semana se hará en grupo, y usted es la persona responsable de dirigir ese estudio.

Por último, no olvide dos recursos que son indispensables para todo buen estudio bíblico. El primero es su propia experiencia. A veces nos han dicho que al estudiar la Biblia debemos dejar todas nuestras preocupaciones detrás. Nada más lejos de la verdad. Lo cierto es que la Biblia ha de responder a nuestras preocupaciones, y que nuestra experiencia y nuestra situación en la vida nos ayudan a entender la Biblia.

El segundo recurso es la comunidad de fe. Dijimos más arriba que al estudiar la Biblia usted no está sola o solo, sino que el Espíritu Santo también está allí. Ahora debemos añadir que en cierto sentido es importante que también su comunidad de fe esté allí. El libro que vamos a estudiar durante estos tres meses fue escrito para ser leído en voz alta, en la iglesia. Luego, cuando usted lo lee, aunque sea a solas, tenga en mente a toda esa comunidad de fe que le rodea y le apoya. Léalo, no solamente como Palabra de Dios para usted, sino también como Palabra de Dios para la iglesia. Ésta es una de las razones por las que, una vez cada semana, hemos incluido un estudio algo más largo que puede hacerse en grupo: para estimular a nuestros lectores a utilizar este material en grupos de estudio. Tales grupos pueden reunirse una vez por semana; pero además durante los otros seis días sus miembros sabrán que los demás están estudiando el mismo pasaje bíblico.

Decíamos al principio de esta «Introducción» que este libro es también una invitación a la aventura. Sobre esto, es mejor no decir más. Las aventuras son tanto mejores cuanto más inesperadas y sorprendentes. Láncese entonces, estimado lector o lectora, al estudio del Evangelio de Juan, sabiendo que ese estudio le traerá sorpresas; pero sabiendo sobre todo que, aun en esas sorpresas, ¡ya Dios está allí antes que usted, esperándole con los brazos abiertos!

(Al igual que en otros libros de esta serie, parte de lo que se incluye aquí es adaptación de materiales publicados anteriormente en *Lecciones Cristianas* © Graded Press y Cokesbury. Usado con permiso.

Primera semana

VEA: Si comparamos el Evangelio de Juan con los otros tres, veremos que éste es el único que comienza colocando la venida de Jesús dentro de un marco que incluye todas las cosas creadas. Mateo empieza con una cronología que coloca a Jesús dentro de la historia del pueblo de Israel, pues comienza con Abraham. Marcos se lanza a la narración de inmediato, contando acerca de Juan el Bautista. Y Lucas coloca la historia de Jesús dentro de la historia política de su tiempo, diciendo quién gobernaba cuando Jesús nació. Pero Juan es el único que empieza hablando del principio mismo, y de cómo todas las cosas fueron creadas.

Lo que esto indica es que el Evangelio de Juan será un Evangelio de dimensiones cósmicas. Aunque colocará a Jesús dentro del contexto de la historia de Israel (como Mateo) y de la historia de la humanidad (como Lucas), su marco de referencias será mucho más amplio: Juan nos habla de «todas las cosas». Nada hay que no tenga que ver con el mensaje del evangelio, desde el más pequeño grano de arena hasta el astro más distante. El Verbo acerca del cual Juan nos va a hablar es tal que «todas las cosas por él fueron hechas, y sin él nada de lo que ha sido hecho, fue hecho».

Es por eso que en el versículo 11 nos dice que «a lo suyo vino». Jesús no vino a un mundo ajeno, sino vino a un mundo enemistado con Dios; pero no a un mundo ajeno, sino a un mundo hecho por él. Ésa es la dinámica fundamental del Evangelio de Juan: Jesús viene a salvar a un mundo que es suyo, pero que no quiere reconocerle.

JUZGUE: En la iglesia cristiana siempre ha habido la tendencia a distinguir entre unas cosas que son de Dios, y otras que se supone no lo son. En los casos más extremos, se piensa que las cosas «espirituales» son de Dios, y el resto no es de Dios. Así, ha habido cristianos que han pensado que no es bueno contemplar la belleza del mundo físico—las flores, los animales, las estrellas—pues ello nos aleja de la contemplación de Dios y de las realidades espirituales.

Aunque no se den en nuestras iglesias esos casos extremos, sí se dan situaciones parecidas. Así, por ejemplo, hay quien piensa que la única música que los creyentes deben escuchar es la música religiosa. Ciertamente, hay música secular que blasfema contra Dios, y que de varios modos muestra la rebeldía del mundo contra su Creador. Pero esto no quiere decir que toda la música secular sea mala. Los oídos, las notas musicales, el gusto estético—todo ello ha sido creado por el mismo Verbo que vino a nosotros en Jesucristo. Si lo rechazamos, estamos rechazando también a su Creador.

ACTÚE: *Ore:* Durante este estudio, Señor, ayúdame a ver tu mano creadora en todas las cosas que tú has hecho para nuestro bien. No me permitas rechazar ni condenar nada de lo que tú has hecho. Ayúdame a distinguir entre lo que tú has hecho y los malos usos que de ello hacemos los humanos. Por Jesucristo. Amén.

Segundo día *Lea* Juan 1:14

VEA: Este versículo es el centro de todo este Evangelio. En la antigüedad se había escrito mucho sobre el Verbo, el principio divino que es la fuente de toda realidad y de todo conocimiento. Luego, todo lo que Juan nos dijo ayer sobre el Verbo, sobre cómo todas las cosas fueron creadas por él, y sobre cómo él es la luz que ilumina a todos los humanos, puede encontrarse en otros escritos antiguos. Lo que es radicalmente nuevo, lo que nadie se atrevió a afirmar antes, es que «aquel Verbo fue hecho carne, y habitó entre nosotros».

Esto es importante por muchas razones. Veamos dos de ellas.

La primera es que lo que el cristianismo proclama no son doctrinas abstractas. Aunque haya quien piense lo contrario, el cristianismo no es una serie de doctrinas ni de principios morales. Es el hecho mismo de Jesucristo—el hecho de que el Verbo eterno de Dios se hizo carne y habitó entre nosotros. Para ser creyente, lo que hay que hacer no es aceptar tal o cual doctrina, ni tampoco seguir tal o cual principio moral, sino encontrarse con Jesús, ese Verbo encarnado que vivió y sigue viviendo en medio nuestro.

En segundo lugar, esto es importante porque nos indica que la carne, el cuerpo, es importante. El Verbo no tuvo a menos tomar carne humana. Luego, sus seguidores tampoco han de tener el cuerpo o la carne como cosa mala o negativa.

JUZGUE: Una de las muchas cosas que el Verbo hizo y que a veces pensamos que son malas, es el cuerpo humano. A través de toda la historia de la iglesia, repetidamente ha habido quien se ha imaginado que la santidad consiste en desentenderse del cuerpo, en actuar como si no existiera o hasta en castigarlo. A veces hasta nos imaginamos que la razón por la cual pecamos es que tenemos un cuerpo.

Pero cuando pensamos de ese modo, le echamos la culpa a Dios por nuestro pecado, pues Dios es el Creador del cuerpo así como del alma. La culpa de nuestro pecado la tiene nuestra voluntad, mediante la cual nos rebelamos contra Dios. Es entonces que usamos el cuerpo para pecar. Y de igual modo usamos también la mente y todas nuestras facultades.

En sí mismo el cuerpo es bueno porque Dios lo creó. Y al tomar cuerpo humano, el Verbo eterno de Dios confirma la bondad de esa creación. ¿Qué hacemos en nuestra iglesia que sea señal de que el cuerpo humano es bueno, y que Dios lo ama? ¿Qué hace usted que sea señal de lo mismo?

ACTÚE: Hágase el propósito de cuidar su cuerpo, así como los cuerpos de otras personas. En cuanto a su cuerpo, ajuste su dieta de modo que sea saludable y comience un régimen de ejercicio. Esto también es servicio al Dios que hizo su cuerpo.

En cuanto a los cuerpos de los demás, busque un modo de ayudar a las personas necesitadas de alimento, de vestido o de albergue. Reclute a otras personas para empezar un programa que le muestre a su comunidad que la iglesia sí se ocupa de los cuerpos humanos.

Tercer día ～～●～～ *Lea* Juan 1:15-28

VEA: Estos versículos cuentan parte de la historia de Juan el Bautista. Este Evangelio nos dice que Juan el Bautista fue enviado de Dios. Al mismo tiempo se nos dice que fue enviado no para hablar de sí mismo, sino para dar testimonio de Jesús. En Juan 1 esa idea aparece por lo menos tres veces: (1) aparece en Juan 1:8-9 donde se aclara que Juan no era la luz, sino que era quien debía dar testimonio de la luz; (2) aparece en la conversación de Juan con los enviados de parte de los jefes judíos, cuando Juan dice que él no es el Cristo (1:20); y (3) aparece en 1:23 donde Juan declara que él es una voz que va anunciando la venida del Señor.

La historia es sencilla. Juan salió a predicar, y algunos de los jefes religiosos vinieron a preguntarle quién era él; es decir, con qué autoridad predicaba. Juan respondió que él no predicaba sobre sí mismo, sino que predicaba sobre el que habría de venir. El pasaje no nos dice si esos jefes religiosos regresaron a Jerusalén inmediatamente o si estaban allí todavía al día siguiente.

En todo caso, el punto que sobresale al estudiar este pasaje es que Juan no llama la atención a sí mismo, sino que señala hacia Jesús. Cuando los jefes religiosos le preguntan si él es el Mesías (el Cristo), Juan contesta diciendo que él es mucho menor que el que viene tras él.

JUZGUE: Esto es importante, pues uno de los problemas que los cristianos tenemos frecuentemente es éste de cómo testificar de Jesús, haciendo que la atención se centre en él y no en nosotros.

Un ejemplo puede ayudarnos a entender esto. Supongamos que estamos en un cruce de caminos donde un cartel nos indica el camino que debemos tomar para llegar a cierta ciudad. Ese cartel tiene que ser lo suficientemente grande y claro para que lo vean los que pasan. Si es demasiado pequeño, o si está cubierto de maleza, los viajeros pasarán sin verlo, y el cartel no servirá.

Además, hace falta que de algún modo el cartel se relacione con la ciudad. Por ejemplo, si vamos a San Antonio, buscamos un cartel que diga «San Antonio». O, en un país donde pocos saben leer, veremos un cartel con un dibujo que de algún modo se parece a la ciudad que buscamos. Pero si el cartel para San Antonio dice «San Francisco», nos perderemos sin remedio.

Por otra parte, es necesario recordar también que el cartel no es lo mismo que la ciudad. Si confundimos el cartel con la ciudad, y tratamos de encontrar alojamiento en el cartel, haremos un papel ridículo.

Algo semejante sucede en el caso de Juan el Bautista, al igual que en el nuestro. Para ser verdaderos testigos de Jesús, para apuntar hacia él, algo en nuestras vidas debe hacer que quienes nos vean o nos oigan piensen en Jesús. Usando la imagen del cartel, la gente tiene que poder leer el nombre de Jesús en nosotros. Eso es importante. Sin eso, nuestro testimonio sirve de poco. Pero también podemos irnos al otro extremo. Si llegamos al punto en que la gente empieza a admirarnos, y no a Jesús, sería como el caso de un cartel tan hermoso que los viajeros pensaran que habían llegado a su destino.

¿Podemos pensar en algunos casos en los que nuestro testimonio (o el de la iglesia) ha perdido fuerza porque la gente no puede ver en nosotros el nombre de Jesús? ¿Podemos pensar en casos en los que nuestro testimonio (o el de la iglesia) en lugar de apuntar hacia el Maestro, ha llamado la atención más bien hacia nosotros (o hacia la iglesia)?

ACTÚE: Anote sus respuestas a las preguntas que acabamos de plantear. Medítelas. Busque modos de corregir lo que sea necesario en su testimonio o en su vida. Medite sobre lo mismo con respecto a su iglesia. Comparta sus reflexiones y decisiones con otros.

Cuarto día *Lea* Juan 1:29-34

VEA: Al día siguiente fue cuando Juan dio testimonio del Cristo, no hablando ya de uno que habría de venir, sino señalando hacia Jesús. En el versículo 29 Juan ve a Jesús que viene hacia él y dice: «He aquí el Cordero de Dios, que quita el pecado del mundo». Hasta este punto, Juan había dicho únicamente que estaba preparando el camino para el Cristo prometido. Ahora apunta hacia un hombre particular: Jesús.

Juan insiste en que Jesús es mucho más importante que él. Según Juan, aunque Jesús vino después de él, en realidad Jesús era primero. El pasaje termina con el testimonio de Juan el Bautista en el sentido de que puede decir todo esto sólo por autoridad del Espíritu Santo. Juan dice que no conocía a Jesús, y que fue únicamente por el Espíritu Santo, al cual vio descender del cielo como paloma, que supo que Jesús era el Cristo prometido (1:31-33).

Dos veces dice Juan que él no conocía a Jesús (1:31 y 33). Esto no quiere decir que no le conociera en el sentido de nunca haberlo visto. En Lucas se nos dice que eran parientes. Quiere decir más bien que no le conocía en el sentido de que no sabía que él era el Cristo. Es cuando Juan ve al Espíritu Santo que desciende como paloma sobre Jesús, y que permanece sobre él, que reconoce que Jesús es el Cristo. Juan ha sido enviado a anunciar que el Cristo viene. Juan es fiel a esa misión, y anuncia la venida del Cristo. Cuando la comisión enviada por los jefes de Jerusalén le pregunta, Juan dice claramente que está anunciando la venida del Mesías. No les dice quién es el Mesías, pues no es sino el día siguiente que él mismo le reconoce.

JUZGUE: Esto nos recuerda que no es necesario tener todas las respuestas para hablar en nombre de Dios. A veces pensamos que antes de dar testimonio de Jesús tenemos que saber mucho, para así tener respuesta a cualquier cosa que nos pregunten. Lo cierto es que, cuando del Señor se trata, por mucho que sepamos siempre nos quedará mucho más por saber. Para dar testimonio de Jesús no hay que saberlo todo. No es cuestión de sabiduría, sino de obediencia.

Volvamos a nuestro ejemplo del cartel. El cartel apunta hacia una ciudad que es varios millones de veces mayor que el cartel mismo. Para que el cartel sea útil, no tiene que incluir todos los detalles de la ciudad. Sólo tiene que estar en el lugar adecuado y apuntar en la dirección correcta. Lo mismo le sucede a Juan el Bautista. Su testimonio no depende de que sepa exactamente cómo Dios va a cumplir lo prometido, sino de que sea obediente a lo que ya sabe y lo anuncie.

En nuestro caso, Dios nos llama a dar testimonio, no de un Mesías que ha de venir, sino de un Mesías que ya vino y que ha de volver. En ese sentido le llevamos ventaja a Juan el Bautista. Sin embargo, muchas veces, a pesar de esa ventaja, no damos testimonio, refugiándonos tras la excusa de que no sabemos bastante sobre la fe. En ese caso, quizá lo que debemos hacer es empezar a dar testimonio al mismo tiempo que tratamos de aprender más.

Se cuenta de Juan Wesley que, antes de la experiencia de Aldersgate (cuando llegó a estar seguro de su salvación), le dijo a un amigo que no se atrevía a predicar la salvación, porque no estaba seguro de haberla descubierto. El amigo le aconsejó que, mientras la buscaba, continuara predicándola, sabiendo que existía; y que después de encontrarla la predicara aun más, precisamente por haberla encontrado.

▶ ¿Será ése un buen consejo?

ACTÚE: Hágase el propósito de dar testimonio de Jesús al menos a una persona durante las próximas veinticuatro horas. Mañana, al empezar su estudio bíblico diario, anote sus experiencias en su cuaderno de reflexiones.

Quinto día   *Lea* Juan 1:35-42

VEA: Al igual que en el pasaje de ayer, Juan el Bautista se refiere a Jesús como «el Cordero de Dios». Esta frase aparece sólo en el Evangelio de Juan, aunque en el Apocalipsis se habla repetidamente de Jesús como «el Cordero». En todo caso, la frase nos recuerda el episodio en Génesis 22, cuando Abraham iba a inmolar a su hijo Isaac en sacrificio. En aquel pasaje, cuando Isaac le pregunta a su padre dónde está el cordero para el sacrificio, Abraham le responde que Dios lo proveerá. Luego, al referirse a Jesús como el Cordero de Dios, Juan el Bautista señala al hecho de que Jesús será sacrificado en lugar de los creyentes.

Además, la frase «el Cordero de Dios» les recordaría a los israelitas el episodio que se narra en Éxodo 12, cuando Moisés le ordenó al pueblo que cada familia sacrificara un cordero, y marcara la puerta de su casa con la sangre del cordero, para que el ángel destructor que sería enviado a matar a los primogénitos de los egipcios no entrara en los hogares israelitas. Luego, la imagen de Jesús como el Cordero de Dios nos recuerda que somos salvos precisamente porque llevamos el sello de su sangre.

El otro punto que es importante destacar en este pasaje es que Jesús le da un nuevo nombre a Simón. Ese nombre hizo tal impacto, que el propio evangelista, aun antes de decirnos su origen, lo utiliza en el versículo 40, al referirse a «Simón Pedro». Lo que en los otros Evangelios se cuenta con más detalles, en Juan no ocupa más que el versículo 42. Allí el evangelista nos dice que Jesús le dijo a Simón que tendría un nuevo nombre: Cefas o Pedro. (*Cefas* es arameo y quiere decir «piedra». *Pedro* es el equivalente griego.)

JUZGUE: Los nombres son muy importantes. Es por eso que cuando tenemos un hijo o una hija, pensamos con tanto cuidado el nombre que le pondremos. En el pasaje de hoy vemos la importancia de los nombres y los títulos en dos casos.

El primero es el del propio Jesús, a quien Juan el Bautista llama «el Cordero de Dios». Ese nombre por sí solo dice mucho acerca de la misión de Jesús. Como el cordero fue sacrificado en Egipto para salvar al pueblo de Israel, así también Jesús, el Cordero de Dios, será sacrificado para la salvación de su pueblo.

El otro caso es el de Simón, a quien Jesús da el nombre de «Pedro». Ese nuevo nombre cobró tanta importancia, que a partir de entonces en la iglesia cristiana se ha conocido a aquel pescador, no como Simón, sino como Pedro—y no se le llama «San Simón», sino «San Pedro». En Mateo 16 se nos explica que al darle este nombre a Simón, Jesús le dijo que sería como una roca sobre la cual edificaría su iglesia. Juan no dice nada al respecto, ni parece darle mayor importancia al nombre de Pedro. Pero el hecho es que, sea por la razón que fuese, Jesús le dio un nuevo nombre a Simón.

En cierto modo, quien se acerca a Jesús recibe un nuevo nombre. Quizá no en el sentido de tener un apodo distinto, pero sí en el sentido de ser una nueva persona, una nueva realidad. Es imposible aceptar a Jesús y consagrarse a él sin venir a ser una nueva persona. Esto es otro modo de decir lo que veremos más adelante al hablar acerca del nuevo nacimiento en Jesús.

ACTÚE: Anote su nombre en su cuaderno de reflexiones. Si usted sabe lo que quiere decir, anótelo también. Si no lo sabe, hágase el propósito de averiguarlo. Ahora, reflexionando sobre su vida cristiana, piense en qué nombre podría servirle de recordatorio de lo que usted debería ser. Por ejemplo, si usted sabe que tiene la tendencia a desesperar y dejarse llevar por la amargura, póngase *Esperanza*. Si no sabe algún nombre que verdaderamente describa lo que usted quisiera ser en Jesús, invéntese uno—por ejemplo, «veraz» o «humilde». Reflexione sobre ese nombre. Escríbalo en un papel y póngalo en su cartera o monedero, para servirle de recordatorio. A partir de ahora, cuando se vea en el espejo, llámese por el nombre que ha tomado.

<hr/>

Sexto día   *Lea* Juan 1:43-51

VEA: El pasaje de hoy trata del llamamiento de otros dos discípulos: Felipe y Natanael. Juan nos dice que Felipe era de Betsaida, una ciudad en Galilea donde los Evangelios nos cuentan que Jesús hizo muchos milagros. Aunque Juan no nos lo dice en este pasaje, sí nos dice más adelante que Natanael era de Caná, el pueblo en Galilea donde tuvieron lugar los hechos que estudiaremos mañana (21:2).

En todo caso, sobre el llamamiento de Felipe, Juan no nos dice más que el hecho escueto. Jesús va a Galilea y le dice a Felipe, que era de esa región, que le siga.

Sobre el llamamiento de Natanael sí se nos dan más datos. Natanael se mostraba escéptico de lo que le decía Felipe, pues no creía posible que algo bueno saliera de Nazaret, y mucho menos el Mesías. Jesús le convence mediante un milagro, haciéndole saber que le había visto antes bajo una higuera—cuando de hecho Jesús no había estado allí. En respuesta a ese milagro, Natanael le declara «Hijo de Dios» y «Rey de Israel»; es decir, que concuerda con lo que Felipe le había dicho antes y no había querido creer.

La respuesta de Jesús implica que Natanael no hizo bien en esperar a que hubiera un milagro para creer. Pero en todo caso le indica que verá muchos y más grandes milagros.

JUZGUE: Resulta interesante notar que Natanael, que era de la pequeña aldea de Caná, desdeña a la vecina Nazaret, que sin ser una gran ciudad al menos era mayor que Caná. Lo que está teniendo lugar en el pasaje es que Natanael, como buen judío, cree que el centro de la acción de Dios está en Jerusalén, y que por tanto es de esa gran ciudad que el Mesías ha de venir.

Pero hay más. Entre los judíos, Galilea era considerada tierra de gentiles. Tan era así que frecuentemente se le llamaba «Galilea de los gentiles» (Is. 9:1; Mt. 4:15). Galilea se encontraba bien al norte de Palestina, y entre ella y Judea se extendía el territorio de Samaria. Luego, aunque los galileos se consideraban a sí mismos judíos y no samaritanos, los «verdaderos» judíos, los de Judea, los veían como judíos de segunda clase. (Por eso es que a veces en los Evangelios la frase «los judíos» no se refiere a todas las personas de religión judía, sino sólo a las de Judea, o a veces a los jefes de Jerusalén.)

Luego, lo que vemos en este pasaje es que un galileo, despreciado como judío de segunda clase por los judíos del centro, se hace eco de ese desprecio al decir que nada bueno puede venir de Nazaret; es decir, de una ciudad vecina en Galilea. En otras palabras, que este galileo se hace eco del prejuicio contra su propio pueblo.

¿No vemos esto frecuentemente entre nuestro propio pueblo latino? En el ámbito internacional, nuestros países latinoamericanos no son poderosos ni se encuentran a la vanguardia de los nuevos avances tecnológicos, industriales y económicos. En los Estados Unidos, cuya población de habla hispana es la cuarta del mundo, frecuentemente se nos desprecia como personas ignorantes, irracionales, demasiado emotivas, irresponsables, y así sucesivamente.

Todo esto lo sabemos de sobra, y no hay que abundar sobre ello. Pero lo peor del caso es que muchas veces es nuestra propia gente la que acepta todos esos prejuicios, y por tanto desdeña a los nuestros. Hace algunos años, cuando un seminario latino buscaba un presidente, oí a algunos miembros del comité de búsqueda declarar que el nuevo presidente debía ser norteamericano, pues un natural del país no podría cumplir con los requisitos del puesto. Desde entonces me he topado con muchas situaciones semejantes. En algunas de nuestras iglesias, por ejemplo, se les da más autoridad a materiales traducidos que a los escritos por personas de las nuestras. O, si hay que tomar alguna decisión sobre la vida del barrio, confiamos en demasía en los «expertos» de fuera, como si la gente del barrio no conociera su propia vida.

Esto fue lo que hizo Natanael el galileo de Caná al preguntarse qué de bueno podría salir de Nazaret.

ACTÚE: Haga un repaso de las personas que usted conoce en su propia iglesia y en su barrio y comunidad. ¿Les presta usted toda la atención que merecen? ¿Les da la autoridad que sus conocimientos, experiencia y compromiso deberían haberles ganado? Cuando tiene oportunidad de recomendar a alguien para algún puesto o responsabilidad, ¿toma en cuenta a personas a quienes usted conoce en su iglesia, barrio o comunidad?

Pregúntese: *¿Qué de bueno puede salir de mi barrio?* Anote sus respuestas en su cuaderno de reflexiones.

Séptimo día   *Lea* 2:1-12

VEA: El pasaje que estudiamos hoy es el primero de todos los milagros de Jesús que se cuentan en el Evangelio de Juan. Note que Juan dice que ocurrió «al tercer día». Si empezamos contando a partir del día en que Juan el Bautista recibió la visita de los líderes religiosos y anunció la venida del Mesías, veremos que el Evangelio de Juan coloca dentro de una semana todos estos acontecimientos que nosotros a nuestra vez hemos estudiado también en una semana. Puesto que en los otros Evangelios transcurre mucho más tiempo entre estos diversos acontecimientos, muchos estudiosos de la Biblia sugieren que el Evangelio de Juan está escrito con propósitos litúrgicos. Es decir, no intenta narrar la vida de Jesús por orden, como Lucas, por ejemplo, sino más bien contarla en un orden y a un ritmo semejante al modo en que la iglesia en su vida y su adoración experimenta su relación con Jesús. En la iglesia primitiva, mucho antes de que existiera el año cristiano (Adviento, Navidad o Pentecostés), se celebraba la semana cristiana. Luego, el hecho de que Juan empiece su Evangelio contando los principales puntos en una semana, puede relacionarse con el modo en que esperaba que su libro fuese leído en la iglesia.

En todo caso, note que Jesús no quiere hacer el milagro. Él no es más que uno de los muchos invitados a la boda. Cuando su madre le pide que haga el milagro, Jesús le dice que todavía no ha llegado su «hora». En el Evangelio de Juan, uno de los temas que aparecen repetidamente es éste de la «hora» de Jesús. No es sencillamente una hora de triunfo, sino que es una hora de sufrimiento, seguido de resurrección y vida nueva. Esa hora vendrá cuando los líderes del pueblo, viendo sus milagros y sus enseñanzas, decidan que hay que destruirle. Es por eso que Jesús se niega a hacer el milagro. Su hora no ha llegado, y no hay que precipitarla.

Pero su madre insiste, y por fin Jesús responde a la necesidad del momento. Es importante recalcar que la necesidad a la que Jesús responde no es cuestión de vida y muerte. No es un padre que ha perdido a su hija, como en otro episodio de las Evangelios. No es ni siquiera un paralítico que no puede andar, o un ciego que no puede ver. Es sencillamente una fiesta que va a interrumpirse por falta de vino. Es una pareja recién casada que pasará la vergüenza de no tener suficiente para sus invitados. Y Jesús responde a esa necesidad, que resulta minúscula si se le compara con las tragedias del mundo, o con el destino eterno de las almas.

Lo que es más, Jesús responde con abundancia y calidad. Lo que produce son seis tinajas de vino, en cada una de las cuales cabían entre dos y tres cántaros; es decir, un total de entre quince y dieciocho cántaros de vino. Y el vino que produce es de tal calidad que el maestresala va a preguntarle al esposo cómo es que ha dejado el mejor vino para último, en lugar de servirlo primero como era costumbre.

JUZGUE: Una de las principales dificultades con las que nos tropezamos las personas religiosas al tratar de entender y de seguir a Jesús es que a veces somos demasiado serias. Nos imaginamos que, puesto que Dios es Dios, sólo le interesan las cosas más serias de la vida. Ha habido cristianos que se han imaginado que reír es pecado, y que el arte y la música, por ejemplo, no tienen cabida en la vida cristiana. Sin llegar a tales extremos, todavía hay entre nosotros muchas personas que piensan que lo que no es absolutamente serio y de importancia trascendental no ha de ocupar nuestra atención. Ésos son los creyentes de caras largas y vidas amargadas que se dedican a criticar a quienes parecen divertirse o alegrarse demasiado. En otros tiempos, fue ese tipo de cristianismo lo que le dio origen a la Inquisición. Hoy, es ese tipo de cristianismo lo que le da mala fama a nuestra fe, como si fuera cuestión de negarse a disfrutar de los placeres y las bellezas de la vida.

Pero en este pasaje Jesús nos muestra que tales actitudes son contrarias a su espíritu. Jesús va a una fiesta, no necesariamente para predicarles a las personas presentes ni para criticar su alegría, sino sencillamente para participar de la fiesta. Y cuando la escasez de vino amenaza con «aguar» la fiesta, Jesús toma agua y la convierte en vino. Quizá esto no nos guste a quienes quisiéramos un Jesús más austero. Pero ése es el Jesús del evangelio.

Piense en usted y su iglesia. Cuando las gentes le ven a usted o a su iglesia, ¿pensarán que Jesús es un Señor que da alegría y gozo? ¿O pensarán más bien que Jesús es un «aguafiestas» que no quiere que la gente se divierta ni celebre las ocasiones importantes de la vida? ¿Qué puede hacer usted para que su testimonio, al mismo tiempo que serio y responsable, sea alegre y jovial? ¿Qué puede hacer la iglesia en el mismo sentido?

ACTÚE: Repase sus actuaciones de la semana pasada. ¿Se mostró huraño o huraña con alguna persona, pensando que de ese modo daba testimonio de su fe? ¿Dio usted testimonio, no sólo de consagración o de dedicación, sino también de la alegría y del gozo cristianos? Anote sus reflexiones. Hágase el propósito, durante la semana entrante, de mostrarles a quienes le observen que la fe cristiana es fe de gozo y alegría.

PARA EL ESTUDIO EN GRUPO: Tras estudiar y discutir el pasaje, señale el siguiente punto: Jesús tomó las tinajas que estaban apartadas para los ritos de purificación. Las hizo llenar de agua, y convirtió el agua en vino. Ahora no hay sitio para purificarse.

Tras explicar esa situación, plantee las siguientes preguntas para que el grupo las discuta:

▶ ¿Qué sucederá ahora si viene alguien a purificarse?

▶ ¿Podemos pensar en algún caso parecido en la vida de la iglesia hoy?

Gustave Doré: *La mujer de Samaria*

Segunda semana

Primer día   *Lea* Juan 2:13-25

VEA: Juan no nos dice cuánto tiempo después del episodio de las bodas de Caná sucedió lo que aquí nos cuenta. Nos dice sólo que fue poco antes de la fiesta de la pascua. En esta fiesta el pueblo de Israel recordaba cómo el ángel destructor de Dios pasó por alto las casas de los hebreos, marcadas con la sangre del cordero, mientras que entró a las casas de los egipcios para matar a sus primogénitos.

Juan dice que Jesús «subió» a Jerusalén, porque de hecho Jerusalén se encontraba en un lugar elevado, y para ir a ella de cualquier otra parte de Palestina había que subir.

Las personas que Jesús halló en el templo no eran meros vendedores o negociantes. Lo que hacían era proveer animales y otros elementos para los sacrificios. Puesto que todo lo que se ofreciera en sacrificio a Dios debía ser puro y perfecto, se había establecido la práctica de que los sacerdotes lo certificaran como tal. De esto resultó un negocio en el que colaboraban los sacerdotes y los mercaderes del templo, y que a menudo resultaba en la explotación del pueblo, pues unas palomas certificadas como aptas para el sacrificio costaban mucho más que cualquier otro par de palomas.

Cuando en el versículo 18 Juan se refiere a «los judíos» que le preguntaban a Jesús con qué autoridad actuaba, se está refiriendo específicamente a personas de Judea; es decir, que los de Jerusalén le preguntan a este galileo entremetido cómo se atreve a perturbar el orden del templo.

Juan nos dice entonces que en esa ocasión Jesús habló de su propia resurrección, y los judíos entendieron que se refería al templo. Como sabemos, una de las cosas de las que se acusó a Jesús y a sus primeros discípulos (por ejemplo, a Esteban en Hechos 6) fue de blasfemar contra el templo. Aquí Juan empieza a pintarnos el cuadro de la enemistad de los judíos de Jerusalén contra Jesús y su banda de galileos.

JUZGUE: Si ayer vimos a Jesús participando en la fiesta con motivo de una boda, y hasta colaborando a la celebración convirtiendo el agua en vino, hoy le vemos molesto y airado contra quienes han tornado la fe del pueblo en medio de explotación. Jesús sabe celebrar la vida; pero también sabe oponerse abierta y fuertemente a quienes usan mal de la religión. En este caso, se trata de personas que utilizan la fe del pueblo, que quieren ofrecer sacrificios dignos y aceptables, para enriquecerse.

Lo que vemos en ese episodio se ha repetido muchísimas veces en la historia de la iglesia. Por ejemplo, en algunos de los tiempos más tristes de la Edad Media se llegó hasta a vender cargos eclesiásticos. Si alguien quería ser obispo, compraba la posición, y entonces recuperaba su inversión vendiendo otros cargos que quedaban bajo su autoridad como obispo.

Pero no hay que ir tan lejos. En nuestros propios días, hay quien se ha hecho millonario predicando por televisión. Cuando, hace unos pocos años, uno de esos «evangelistas» fue desenmascarado, resultó que hasta la casa del perro tenía aire acondicionado. Pero hay muchos otros que se han hecho ricos con pañuelos bendecidos, agua milagrosa y libros que pretenden descifrar los misterios de las edades.

Lo que todo esto tiene en común con los mercaderes del templo es que es un uso de la religión para enriquecerse a costa del pueblo crédulo. ¿Qué cree usted que Jesús diría sobre las prácticas religiosas de hoy, especialmente en lo que se refiere al dinero?

ACTÚE: Revise su propio presupuesto, o su libreta de cheques, y haga una lista del dinero que ha donado para causas religiosas y caritativas. ¿Se ha asegurado usted de que se trata verdaderamente de organizaciones de servicio, y no de programas para enriquecer a quienes los manejan? ¿Ha tomado usted el tiempo para averiguar cómo se usa el dinero de sus ofrendas? Visite al tesorero de su iglesia, o a quien tenga a su cargo las ofrendas y las finanzas, y entérese de todo lo que su iglesia y denominación hacen con sus ofrendas.

Segundo día   *Lea* Juan 3:1-8

VEA: El pasaje de hoy es bien conocido. Un fariseo importante llamado Nicodemo viene a Jesús. El nombre Nicodemo quiere decir «vencedor del pueblo». No sabemos por qué llevaba ese nombre. Sí sabemos que era fariseo y que era «principal» o «jefe» entre los judíos. Aquí conviene recordar que la palabra «fariseo» no quiere decir «hipócrita», como la usamos muchas veces. Un fariseo era un miembro de uno de los partidos religiosos entre los judíos. Los fariseos trataban de obedecer la ley en todos sus detalles, y se esforzaban por descubrir cómo aplicar la ley en cada situación. No eran malos, sino todo lo contrario. Si Jesús les critica es porque eran buenos, y porque a veces esa misma bondad les hacía orgullosos o legalistas.

Al parecer, Nicodemo no viene a Jesús para preguntarle algo, sino sólo para decirle que él y otras personas saben que Jesús ha sido enviado por Dios. El pasaje no dice quiénes eran esas otras personas, sino sólo que Nicodemo habla en plural: «sabemos».

Jesús responde con palabras que no parecen venir al caso, sobre la necesidad de nacer de nuevo. Nicodemo no ha dicho una palabra sobre eso ni sobre el reino de Dios, pero Jesús le indica que es necesario nacer de nuevo.

Cuando Nicodemo se muestra perplejo con eso de nacer de nuevo, Jesús compara la libertad del Espíritu con la del viento. Las palabras «Espíritu» y «viento», que aparecen repetidamente en el pasaje, en griego son una sola, que también quiere decir «aliento». El pasaje emplea estos múltiples sentidos de la misma palabra para señalar el sentido de este nuevo nacimiento y de la nueva vida. El viento es misterioso y libre. Nadie sabe de dónde viene ni hacia dónde va. Cuando le parece, sopla; y entonces lo oímos. De igual modo, el Espíritu que da el aliento de nueva vida es libre, soberano, misterioso.

JUZGUE: Al estudiar un pasaje tan conocido como éste, es muy fácil dar por sentado que ya sabemos lo que dice, y no darle oportunidad para que nos diga algo nuevo. El nuevo nacimiento es un asunto tan trillado que a veces ni le prestamos atención. Pero si nos detenemos a pensar, veremos que en realidad es asombroso y misterioso. Por eso es que Nicodemo pregunta: «¿Cómo puede un hombre nacer siendo viejo? ¿Puede acaso entrar por segunda vez en el vientre de su madre, y nacer?» Cuando escuchamos a Nicodemo plantear esas preguntas, nos decimos: *¡Qué necio el pobre Nicodemo! ¡No entiende lo que Jesús le dice!* El hecho es que Nicodemo al menos entiende que se trata de algo misterioso y asombroso.

En cambio, muchas veces nosotros hablamos del nuevo nacimiento como si se tratara de cambiar de camisa. Pero no. El nuevo nacimiento es cosa tan sobrecogedora como el primer nacimiento y más. Es por eso que Jesús compara al Espíritu con el viento, que en modo misterioso y libre sopla de donde quiere. El Espíritu de Dios, de igual manera, se mueve de modo misterioso y nos da ese nuevo nacimiento.

Esto es ante todo palabra de extraordinario gozo y de esperanza. La posibilidad de nacer de nuevo significa que, a pesar de todos nuestros pecados, podemos comenzar de nuevo. Por imposible que parezca, es posible borrar el pasado. La esclavitud al pasado es una de las más terribles servidumbres. Lo que hice ayer, o hace años, limita y determina lo que puedo hacer hoy. *¡Cuánta energía se gasta en lamentarnos por lo que hicimos o no hicimos! ¡Ah! nos decimos, ¡si las cosas hubieran sido de otro modo!*

Jesús le dice a Nicodemo, y a nosotros, que las cosas sí pueden ser de otro modo. Lo que hicimos o fuimos ayer no nos ata por la eternidad. Gracias a ese nuevo nacimiento, ante nosotros se abre una nueva vida llena de posibilidades. La esclavitud al pasado, que es también esclavitud a los pecados del pasado, queda rota.

ACTÚE: *Ore:* Dios mío, que en tu Hijo unigénito nos has prometido vida nueva, toma mi vida. Destruye en ella lo que no sea de tu agrado. Créala de nuevo como la creaste al principio. Dame el gozo y la esperanza de nueva vida. Por Jesús, tu Hijo unigénito y Señor mío. Amén.

⚫

Tercer día   *Lea* Juan 3:9-21

VEA: Continúa la conversación entre Jesús y Nicodemo. Una vez más, éste le pide más explicaciones a Jesús: «Cómo puede hacerse esto?» Esta pregunta no indica incredulidad, sino más bien deseo de saber. Nicodemo está intrigado por lo que Jesús le dice, y le pide que se lo explique más.

La respuesta de Jesús tiene dos partes: una, que el nuevo nacimiento es acción de Dios, algo que sucede fuera del creyente, quien no puede hacerlo por sí mismo; otra, que es algo que está dentro de nosotros, a nuestro alcance, que sí depende de nosotros.

Lo que no depende de nosotros es la dádiva del Hijo unigénito, su venida para ser alzado como la serpiente en el desierto. (En Números 21:9 se nos dice que Moisés hizo una serpiente de bronce, y la puso sobre un asta, y que cuando una serpiente mordía a alguien, esa persona miraba a la serpiente de bronce, y vivía. Decir que el Hijo del Hombre, Jesús, será levantado como la serpiente en el desierto quiere decir que mirándole a él se alcanzará vida, como sucedía con aquella serpiente que hizo Moisés. Además, Jesús aparentemente se está refiriendo a su crucifixión, cuando será alzado, aunque también es posible que se esté refiriendo a su ascensión.)

Lo que sí depende del ser humano es creer. No basta con la dádiva del Hijo unigénito. Hay que creer en él. Dios no fuerza a nadie a nacer de nuevo.

Estos dos elementos aparecen claramente unidos en el famoso versículo, Juan 3:16, donde se nos dice que Dios «ha dado a su Hijo unigénito»—la acción de Dios—para que «todo aquel que en él cree»—la respuesta humana—«no se pierda, mas tenga vida eterna»—que es el resultado del nuevo nacimiento.

Note además que el versículo 17 subraya lo que pudo haber quedado eclipsado en el 16: todo lo que Jesus acaba de decir es señal del amor de Dios. Jesús no vino a condenar al mundo, sino a salvarlo. Aunque el rechazar la salvación sí trae condenación, el mensaje es ante todo de salvación.

JUZGUE: La moneda del nuevo nacimiento tiene otra cara. No es sólo promesa de vida nueva. Es también responsabilidad de dejar la vieja. Esto es lo que Pablo llama «morir en Cristo». Querer nacer de nuevo y al mismo tiempo seguir con la vida vieja—o con los aspectos de ella que nos gustan—es querer llevar una vida doble. En la medida en que insistimos en ello, nos privamos del gozo y de la libertad de la vida nueva.

Lo que todo esto quiere decir es que tenemos que tomar el nuevo nacimiento muy en serio. Nicodemo, a quien a veces culpamos de no entender a Jesús, al menos sabía que el nuevo nacimiento era cosa misteriosa y sobrecogedora. Algunos cristianos lo han tomado tan a la ligera que parece cosa sencilla y sin importancia. Quizá sea por eso que hay quienes prefieren no hablar del nuevo nacimiento. Pero con eso no se remedia la situación. Lo que tenemos que hacer es tomarlo muy en serio, y estar dispuestos no sólo a recibir lo nuevo que Dios nos ofrece, sino también a deshacernos de lo viejo que Dios rechaza.

Nacer de nuevo no quiere decir sencillamente cambiar algunas cosas y seguir con las demás como si nada hubiese pasado. Nacer de nuevo es empezar de nuevo. Por eso, Pablo dice que si alguien está en Cristo nueva criatura es (2 Corintios 5:17). Dice también que las cosas que antes tenía por ganancia ahora las tiene por pérdida (Filipenses 3:7). Nacer de nuevo no es sencillamente dejar algunas cosas y seguir con otras, según nos convenga. Es ponerlo todo a los pies de Jesús para que él haga con ello lo que quiera—lo que nos avergüenza y lo que nos enorgullece, lo que amamos y lo que detestamos.

La promesa del nuevo nacimiento es fiel y verdadera. No tenemos por qué seguir siendo esclavos del pasado. La promesa es también reto y demanda. No es posible aceptar lo uno sin lo otro.

ACTÚE: *Vuelva a orar como ayer:* Dios mío, que en tu Hijo unigénito nos has prometido vida nueva, toma mi vida. Destruye en ella lo que no sea de tu agrado. Créala de nuevo como la creaste al principio. Dame el gozo y la esperanza de nueva vida. Por Jesús, tu Hijo unigénito y Señor mío. Amén.

Cuarto día   *Lea* Juan 3:22-36

VEA: Estamos ahora en el tiempo en que Jesús ya ha comenzado su ministerio, y Juan continúa con el suyo. En los pasajes que hemos estudiado durante los últimos días, Jesús estaba en Jerusalén y sus alrededores. Ahora continúa con sus discípulos en la misma región, en Judea, bautizando. Al mismo tiempo, Juan está bautizando «en Enón, junto a Salim». No se sabe exactamente dónde era esto; pero parece ser que estaba cerca de la frontera entre Galilea y Samaria. Luego, Juan continúa bautizando más al norte, mientras Jesús ha comenzado también a bautizar más al sur.

Alguien viene a Juan y le dice que Jesús está bautizando. No está claro si quienes vienen son algunos de los discípulos de Juan, o si algunos de los judíos que disputaron con los discípulos de Juan. Lo que sí parece claro es que su propósito es crear recelos o competencia entre Juan y Jesús. Pero Juan se niega a dejarse llevar por tales sentimientos. Al contrario, de igual modo que lo hizo en su testimonio anterior, señala hacia Jesús como el cumplimiento de las profecías, quien es mayor que Juan.

Para explicar esto, Juan usa la imagen de un esposo y su amigo. La esposa es del esposo. El verdadero amigo no pretende ser el esposo, sino que se alegra en la alegría de su amigo. Jesús es el esposo, y Juan no es sino su amigo, quien se goza en los logros de Jesús.

Es por esto, porque Juan no es el esposo o el Mesías, que el propio Juan dice: «Es necesario que él crezca, pero que yo mengüe». A esto sigue una serie de declaraciones, todavía en labios de Juan el Bautista, sobre el origen celestial de Jesús, su relación única con el Padre, y cómo es necesario creer en él y obedecerle para tener vida.

JUZGUE: Una vez más nos encontramos con la actitud humilde pero firme de Juan el Bautista. La semana pasada le vimos negándose repetidamente a ocupar el centro de la atención, y tratando de señalar hacia Jesús. (Recuerde que usamos la imagen de un cartel que señala hacia una ciudad.) Ahora le vemos una vez más negándose a entrar en competencia con Jesús, como si se tratara de un concurso de popularidad. Al contrario, declara que él debe menguar, mientras Jesús debe crecer.

Una de las cosas que se nos hacen más difíciles a quienes deseamos seguir a Jesús y dar testimonio de él es esto de menguar. Queremos que se nos reconozca, que se nos agradezca y que se nos admire. Y todo eso está bien hasta cierto punto, pues todo ser humano necesita que se le reconozca, se le agradezca y se le admire. Pero a veces esto llega tan lejos que en lugar de apuntar hacia Jesucristo cerramos el paso hacia él.

Éste es el gran peligro en el ministerio de los evangelistas famosos. A veces llegan a ser tan famosos que las gentes van a escucharles a ellos, no a escuchar acerca de Jesús. Ante tal situación, los evangelistas más sinceros se niegan a aceptar la adulación de las masas, y en cierto sentido se hacen a un lado, para que las gentes puedan ver a Jesús.

Pero todo creyente sincero corre el mismo riesgo. Nos esforzamos por vivir en santidad, por ayudar a otras personas, por estudiar la Biblia y orar, por ajustarnos cada vez más a la voluntad de Dios. El resultado, cuando alguien sigue ese camino, es que se le admira y reconoce. Eso no es del todo malo. Pero quien recibe tal clase de reconocimiento ha de tener mucho cuidado, no sea que caiga en la trampa de competir con Jesús. Cuando llegamos a tal punto, nos es necesario menguar, para que Jesús crezca.

ACTÚE: ¿Se ha negado usted a dejar ver sus propias debilidades y su vulnerabilidad, aun entre hermanos y hermanas de la iglesia? En tal caso, ¿no estará usted pretendiendo una perfección que no tiene, y ocultando a Jesús? Piense en modos en los que usted pueda hacer bien clara su dependencia de Jesús, y su debilidad aparte del poder que sólo él da. Anote sus reflexiones.

<hr />

Quinto día   *Lea* Juan 4:1-42

VEA: Hoy vamos a estudiar un pasaje largo, pero muy conocido. Se trata del pasaje de la mujer samaritana junto al pozo de Jacob. Enterado Jesús de que los fariseos estaban tratando de crear competencia entre él y Juan el Bautista, decide salir de Judea y regresar a Galilea. A su regreso tiene que pasar por Samaria, donde tiene lugar el famoso encuentro.

Jesús está sentado junto al pozo de Jacob, cuando una mujer viene a sacar agua. Contra todas las reglas de esa sociedad, en que los judíos no hablaban con los samaritanos y los maestros religiosos no entablaban conversaciones con mujeres, Jesús le pide a la mujer que le dé agua. Es entonces, cuando la mujer se muestra sorprendida de que Jesús le hable, que el Maestro le dice que si ella supiera quién él es, sería ella quien le pediría agua, y él le daría «agua viva». La mujer todavía cree que se trata de agua en el sentido literal y le dice que él no tiene con qué sacarla. Pero Jesús le aclara que el agua de que está hablando es distinta, que es un agua tal que si ella la bebiera nunca más tendría sed.

Al principio la mujer no muestra más que el interés práctico de conseguir esa agua maravillosa. Si la tuviera, no tendría que venir al pozo todos los días a buscar agua. Poco a poco el interés de la mujer va cambiando hasta que llega a plantearle a Jesús preguntas religiosas que se discutían entre samaritanos y judíos. Pero Jesús no permite que la conversación siga por ese camino, sino que le indica que él es el Cristo, el Mesías esperado.

Regresan entonces los discípulos, y se muestran sorprendidos al ver a Jesús hablando con una mujer. Ella deja su cántaro y se va corriendo a la ciudad, donde les cuenta a los hombres lo que ha sucedido. Estos hombres vienen a Jesús y le piden que se quede con ellos (un judío, Jesús, alojado en aldea de samaritanos), pues algunos han creído en él por la palabra de la mujer. Al fin de los dos días que Jesús pasa allí, son más los que creen. Ahora que han conocido a Jesús, ya no creen sólo por lo que la mujer les ha dicho, sino porque le conocen personalmente.

<hr />

JUZGUE: Hay dos aspectos de este pasaje que son de gran importancia para hoy. El primero es que la vida que Jesús nos ofrece es tan abundante que «el que bebiere del agua que yo le daré, no tendrá sed jamás; sino que el agua que yo le daré será en él una fuente de agua que salte para vida eterna» (4:14).

Hay pocas imágenes que expresen con mayor fuerza lo que es la vida abundante que Jesús nos ofrece. Es como una gran sed calmada; calmada, no por un momento ni por un día, sino para siempre. Es una sed calmada de tal modo que uno mismo podrá calmar la sed de los demás, como «fuente de agua que salte para vida eterna».

Esta imagen posiblemente nos impresionaría más si viviésemos en las zonas áridas del Cercano Oriente, donde Jesús se encontró con la mujer. En tal situación, la sed simboliza las ansias de saciedad, el sentido profundo de que nos falta algo. Pero la sed terrenal nunca se sacia. Quien tiene sed de agua tiene que beberla a cada rato. Quien tiene sed de triunfos no se satisface con un triunfo, sino que cada vez los necesita mayores y más frecuentes. A muchas personas la vida se les vuelve una gran sed: sed de felicidad, sed de bienes materiales, sed de amor, sed de reconocimiento. Mientras más reciben, más necesitan.

La vida abundante es muy distinta. La vida abundante tiene en sí misma su saciedad. La sed de eternidad, de sentido para la vida, de amor—todo ello encuentra satisfacción en esta agua que Jesús le ofrece a la samaritana—y a nosotros.

Lo segundo que el pasaje de hoy señala es que Jesús se sobrepone a todas las divisiones que la sociedad establece. Los judíos y los samaritanos no se trataban entre sí. Muchos hombres despreciaban a las mujeres. Pero Jesús sorprende primero a la mujer y luego a sus discípulos al desentenderse de tales reglas y prejuicios. Hay una relación entre ambas cosas. El agua que salta para vida eterna no reconoce barreras humanas. Quien la ha bebido tampoco puede reconocer tales barreras. La vida abundante que Jesús nos ofrece es tal que se derrama como el agua que corre, cruzando todas las fronteras y llamándonos a amar a aquéllos de quienes nos separan barreras al parecer infranqueables desde el punto de vista humano.

Como hispanos y como cristianos evangélicos, vivimos en medio de una sociedad que frecuentemente construye barreras contra nosotros. Nuestra tentación es responder con nuestras propias barreras. Pero el agua que salta para vida eterna, y el Jesús dador de esa agua, nos lo prohiben.

ACTÚE: Piense en alguna persona de quien le separe alguna barrera o prejuicio. Hágase el propósito, durante esta semana, de acercarse a ella y darle alguna señal del amor de Cristo. Anote su propósito, y más tarde anote también el resultado y sus reflexiones al respecto.

Sexto día *Lea* Juan 4:43-54

VEA: Tras pasar dos días en la aldea de los samaritanos, Jesús regresa a Galilea. Aunque solamente había hecho allí el milagro de las bodas de Caná, los galileos le recibieron, pues algunos de ellos habían estado en Jerusalén para la fiesta, y habían visto o escuchado lo que Jesús había hecho allá.

Cuando estaba otra vez en Caná, vino a verle desde la vecina Capernaum un oficial del rey—es decir, de Herodes—cuyo hijo estaba a punto de morir, pidiéndole a Jesús que lo sanara. En lugar de ir a Capernaum, Jesús sencillamente le dijo al oficial que su hijo sanaría (esto es lo que se implica en la frase «tu hijo vive»; es decir, tu hijo vivirá). El oficial creyó lo que Jesús le dijo, y salió de regreso a su casa. Iba de camino cuando le llegó la noticia de que en efecto su hijo había sanado. Al preguntar la hora exacta de la mejoría, le dijeron que fue a las siete, exactamente la misma hora en que él había estado hablando con Jesús. Entonces se confirmó su fe, y creyeron tanto él como su casa.

Juan nos dice que ésta fue la «segunda señal» que Jesús hizo en Galilea—la primera fue la de las bodas de Caná. Mientras los otros Evangelios le prestan mucha importancia al ministerio de Jesús en Galilea, Juan coloca buena parte de la acción en Judea y en su capital, Jerusalén. El resultado es que en este Evangelio se ve más claramente cómo la enemistad de los «judíos»—es decir, los israelitas de Judea—contra Jesús se debe en parte a los conflictos de los de Judea contra los galileos.

JUZGUE: Note que el oficial del rey cree, por así decir, en dos etapas o pasos. Primero cree en lo que Jesús le dice, que su hijo va a sanar, y en base a esa promesa de Jesús sale de regreso a casa. Pero cuando le llega la noticia confirmando que en verdad Jesús ha realizado el milagro prometido, su fe se acrecienta.

En cierto modo, es así que la fe crece y se desarrolla. Quien cree encuentra confirmación de su fe, y esa confirmación a su vez aumenta su fe. Quien se niega a creer en lo pequeño, esperando una gran prueba, posiblemente nunca la reciba.

Ésta es una experiencia común de los creyentes. Los incrédulos siguen siéndolo porque no están dispuestos a tener siquiera un poco de fe hasta tanto no reciban confirmación absoluta. Pero la fe confirmada ya no es fe. Si para creer necesitamos pruebas, ya no estamos hablando de creer. Lo cierto es que la fe viene primero, y la confirmación después, y no al revés—al menos, no en la mayoría de los casos.

ACTÚE: *Ore:* Ayúdame, Señor, a creer. No te pido que me des pruebas para creer. Pero sí te pido que, porque creo, aumentes y confirmes mi fe. Y te pido lo mismo por las otras personas que hoy están estudiando este pasaje. Por Jesús, quien hizo señales en Caná de Galilea y sigue haciéndolas hoy. Amén.

Séptimo día   *Lea* Juan 5:1-18

VEA: El episodio de hoy tiene lugar en Jerusalén. Según nos cuenta el pasaje bíblico, cerca de una de las puertas de la ciudad (la llamada «puerta de las ovejas») había un estanque donde se decía que tenían lugar milagros de sanidad. Cuando un ángel agitaba el agua, la primera persona que se introducía en el estanque quedaba sanada de su enfermedad. El pasaje no dice con cuánta frecuencia sucedía esto, pero da a entender que era lo suficiente frecuente como para que los enfermos se congregaran junto al estanque.

Había allí un paralítico que llevaba treinta y ocho años de enfermo (no que llevaba todo ese tiempo junto al estanque, sino que eso era lo que llevaba de enfermo). La esperanza del paralítico de ser sanado era escasa, pues no tenía quien le llevara al estanque en el momento preciso.

Es a este paralítico a quien se acerca Jesús al ver que llevaba todo este tiempo acostado. Después de una breve conversación con el paralítico, Jesús le ordena que se levante, tome su lecho, y ande. El paralítico queda sanado «al instante»; es decir, sin esperar a que el ángel viniera a turbar las aguas.

Como Jesús se lo ordenó, el paralítico sale andando. Pero se encuentra con unos líderes religiosos que le dicen que, como es día de reposo, no puede andar cargando su lecho. El paralítico les contesta que lo lleva porque quien le sanó se lo ordenó. Cuando le preguntan quién le sanó, no sabe decirles quién fue. Jesús ya se ha ido a otro lugar, y no hay modo de saber quién fue el que le ordenó al paralítico que tomara su lecho y anduviera.

Algun tiempo después, Jesús se encontró en el templo con el que había sido sanado. Jesús le amonestó diciéndole que, aunque había sido sanado, debía cuidar de no pecar. Fue entonces, despúes de esa conversación, que el antiguo paralítico supo decirles a los judíos legalistas quién era el que le había sanado.

Cuando estos líderes le cuestionan, Jesús les dice que, al igual que Dios su Padre trabaja todos los días, él también trabaja.

El resultado de todo esto es que los líderes religiosos empiezan a tramar la muerte de Jesús, pues ponía en duda su autoridad sanando el día de reposo, y además parecía blasfemar haciéndose igual a Dios.

JUZGUE: Este pasaje puede servir de base a por lo menos tres reflexiones distintas, todas igualmente importantes.

En primer lugar, el pasaje nos dice algo acerca del modo en que Jesús responde a nuestras necesidades. Hay situaciones en las que espera que hagamos todo lo que esté a nuestro alcance. Hay otras, como la del paralítico, en las que nada o prácticamente nada está a nuestro alcance. El paralítico no tenía esperanza de ser sanado, pues ni podía ir al estanque por sus propios medios ni tenía quien le llevara hasta él.

Hay situaciones en las que nos encontramos en circunstancias parecidas. Desde el punto de vista humano, no hay salida posible. Empero el mismo Dios que de la nada lo hizo todo puede hacer lo imposible, y decirnos a nosotros, como antaño al paralítico, «levántate, toma tu lecho, y anda».

En segundo lugar, el texto nos dice algo respecto al modo en que los cristianos hemos de hacer el bien sin esperar que se nos dé crédito por ello. Jesús sanó al paralítico y se fue. El paralítico no sabía quién era el que le había sanado; pero a nosotros nos gusta que nos den crédito. Si hacemos algo en la iglesia, queremos que se mencione nuestro nombre para que todos sepan que fuimos nosotros quienes lo hicimos. Si se menciona el nombre de otra persona, y no el nuestro, nos ofendemos. Empero Jesús no actuó así. Jesús sanó al paralítico y se fue. Hizo el bien porque era el bien, y no porque le iban a dar crédito por ello.

En tercer lugar, el texto nos recuerda que hay una clase de religión mal entendida que a veces puede hacer más daño que bien. Quienes criticaban al paralítico por andar cargando su lecho en el día de reposo eran personas religiosas. No lo hacían porque fueran malas personas o porque conscientemente quisieran oponerse a los designios de Dios, sino todo lo contrario. Lo hacían porque estaban convencidos de que la ley sobre el día de reposo era suprema. Andar cargando un lecho en ese día era desobedecer a Dios. Andar sanando enfermos ese día también era desobedecer a Dios.

La ley que defendían era buena. Dios había ordenado un día de reposo de modo que la vida tuviera un ritmo adecuado entre el trabajo y el reposo. Pero en sus esfuerzos por cumplir con esa ley, estas gentes ultrareligiosas la habían torcido. En lugar de ser un día de verdadero reposo, de alivio y descanso, se había vuelto un día de trabajo más arduo en el que era necesario esforzarse más que nunca por obedecer la ley. ¡Se pasaba mucho trabajo con el propósito de descansar! Hay personas que, por ser tan religiosas, se vuelven incapaces de ver la acción de Dios cuando no se ajusta a lo que esperan o desean.

Dios realizó un milagro. El paralítico tomó su lecho y anduvo. Dios estaba presente y activo. En lugar de darle gloria a Dios por lo que había hecho, la gente se preocupaba porque era día de reposo. Aunque creían estar reprendiendo al paralítico por cargar con su lecho, y a Jesús por sanar en el día de reposo, en realidad estaban reprendiendo a Dios por no descansar cuando creían que debía hacerlo.

¿Será posible que en algunas ocasiones nosotros también hagamos lo mismo? Quienes decimos que amamos a Dios, ¿estaremos dispuestos a ver la acción de Dios, y a darle gracias y gloria, aun cuando esa acción suceda en lugares o modos inesperados?

ACTÚE: Haga una lista de los lugares en que usted ha visto la acción de Dios en tiempos recientes. Asegúrese de que esa lista incluya, no sólo hechos dentro de la iglesia o que tengan que ver con asuntos religiosos, sino también eventos en el barrio o la comunidad. Déle gracias a Dios por esas señales de su gracia. Comparta su lista con otras personas.

PARA EL ESTUDIO EN GRUPO: Pídale al grupo que hagan todos juntos la lista que se sugiere arriba.

Tercera semana

Primer día _Lea_ Juan 5:19-29

VEA: Lo que estudiamos hoy (y lo que estudiaremos mañana) es la continuación del discurso de Jesús a los judíos que procuraban matarle, y que empezó en el versículo 17. Al comienzo del pasaje de hoy, así como del de mañana (5:30), Jesús dice que no hace nada por sí mismo, sino juntamente con el Padre. Esto no es una negación de su poder, sino todo lo contrario. Lo que Jesús está diciendo es que su poder no es otro que el poder del Padre.

Esa participación no es sólo de poder, sino sobre todo de amor: «Porque el Padre ama al Hijo». Es debido a ese amor que ambos llevan a cabo las mismas obras.

Empero hay ciertas funciones que el Padre ha dejado enteramente en manos del Hijo. En particular, el juicio ha quedado en manos del Hijo. «Porque el Padre a nadie juzga, sino que todo el juicio dio al Hijo» (5:22).

Como parte de todo esto, Jesús anuncia además que quien cree su palabra cree también en quien le envió, y tiene por tanto vida eterna. Lo que es más, esta palabra no la oirán sólo los contemporáneos de Jesús, sino que llegará el momento en que hasta los que murieron antes la oirán y tendrán la oportunidad de creer y de vivir.

El pasaje termina con una referencia a la resurrección final, cuando todos se levantarán al oír la voz del Hijo. En esta resurrección general, unos se levantarán «a resurrección de vida», y otros «a resurrección de condenación».

JUZGUE: Hay dos puntos en este pasaje que merecen atención. El primero es que el pasaje contradice a quienes creen que el Padre es justiciero y el Hijo perdonador. Aquí Jesús contradice tal opinión.

Es el Hijo quien juzga, no solamente para vida, sino también para condenación.

El segundo punto es que Jesús sabe que una de las principales razones por las que los jefes religiosos judíos se le oponen es que Jesús se hace igual a Dios. Hasta este momento, lo que les ha llevado a pensar de ese modo no son más que algunos comentarios y acciones de Jesús. Pero ahora Jesús hace precisamente aquello de lo que le acusan: se declara igual al Padre. Lo hace sin disimulos ni miramientos, aun sabiendo que ello le va a costar la enemistad de los jefes judíos y a la postre va a resultar en su crucifixión.

Esto contrasta con el modo en que muchas veces nosotros ajustamos lo que decimos según la audiencia. Si sabemos que alguna afirmación puede causarnos problemas, sencillamente callamos. O si vemos que a alguien no le gusta nuestra opinión, o no le decimos nada o cambiamos el tema de la conversación. Naturalmente, en esto hay cierta medida de cortesía. No es cuestión de andar diciendo cosas ofensivas por el solo gusto de ofender a quienes nos escuchan. Pero sí hay que tener integridad. En ciertas cosas importantes, o en circunstancias en las que callar sería invitar a otras personas a caer en el error, es necesario pronunciar la verdad, aunque ello nos cueste simpatías, amistades o hasta dolores.

ACTÚE: Hágase el propósito de hablar «la verdad en amor» (Efesios 4:15). Esto quiere decir no ofender por gusto, pero tampoco dejar de decir la verdad cuando sea importante, aunque a alguien pueda no gustarle. Anote ese propósito en su cuaderno. Si recuerda alguna ocasión en la que no habló esa «verdad en amor», haga una nota al respecto, a modo de recordatorio para el futuro.

Segundo día   *Lea* Juan 5:30-38

VEA: Continúa el discurso de Jesús, dirigido hacia los judíos que procuran matarle. Como la sección anterior del discurso, ésta también empieza con la aseveración de Jesús: «No puedo yo hacer nada por mí mismo». Como en el caso anterior, esto no quiere decir que Jesús esté negando su propia autoridad, sino todo lo contrario. Lo que está haciendo es reclamando para sí la autoridad de Dios mismo. Lo que él hace, lo hace porque procura hacer «la voluntad del que me envió, la del Padre».

Jesús pasa ahora a hablar acerca de quién es el que da testimonio de él. Lo primero que dice es que él no es como los charlatanes que dan testimonio de sí mismos, halagándose a sí mismos y diciendo cuán buenos son. Esto puede verse en el versículo 31: «Si yo doy testimonio acerca de mí mismo, mi testimonio no es verdadero». Aunque Jesús habla aquí en primera persona («si yo doy testimonio de mí mismo»), lo que está diciendo es más bien un principio general: Quien da testimonio de sí mismo no es digno de crédito.

Quien da testimonio de Jesús es «otro» (5:32). Al principio, Jesús no dice claramente quién es ese otro, pues comienza recordando el testimonio de Juan el Bautista (5:33).

Pronto, sin embargo, Jesús indica que su testimonio viene de una fuente mucho más alta y fidedigna. Aun el testimonio de Juan es humano, y quien da testimonio de Jesús es superior a Juan. Juan era como «antorcha que ardía y alumbraba» (5:35), pero así y todo no es en su testimonio que Jesús se basa. El testimonio de Jesús es mayor porque es el testimonio de Dios mismo (5:36).

Es el Padre quien da testimonio de Jesús. Y lo da de dos modos. El primero de ellos, que es el que Jesús reclama en el texto que estudiamos hoy, es por las obras que Jesús hace. Esto lo vemos en el versículo 36: «las obras que el Padre me dio para que cumpliese, las mismas obras que yo hago, dan testimonio de mí, que el Padre me ha enviado». Es decir, que el hecho mismo de haber sanado al paralítico—esa obra por la cual ahora le acusan de desobedecer la ley de Dios— es señal de que Jesús es verdaderamente enviado de Dios.

En segundo lugar, el Padre da testimonio de Jesús por medio de las Escrituras, pero éste será el tema que estudiaremos mañana.

JUZGUE: El pasaje nos invita a reflexionar en dos direcciones. En primer lugar, nos hace ver la unidad entre el Hijo y el Padre, de modo que al ver a Jesús vemos a Dios mismo. Esto nos ayuda a comprender el carácter de Dios y su voluntad para con nosotros. Por ejemplo, si Jesús sana en el día de reposo (lo cual es el tema de la discusión en el pasaje de hoy), esto quiere decir que el amor de Dios es tal que se sobrepone hasta a su propia ley. Dios quiere que le adoremos y le sirvamos, sí; pero Dios quiere esto, no por orgullo o por egoísmo, sino porque Dios nos ama y sabe que hemos sido hechos de tal modo que nuestra verdadera felicidad está en servirle y obedecerle.

En segundo lugar, el pasaje nos invita a reflexionar sobre quién da testimonio de nosotros. Dar testimonio unos de otros todavía se usa constantemente en la vida social y económica, sólo que ahora lo llamamos «dar referencias» o «dar cartas de recomendación». Cuando solicitamos un empleo, por ejemplo, damos nombres de personas que pueden dar testimonio de nosotros. Cada vez que usamos una tarjeta de crédito y la tienda marca un número de teléfono para autorizar la venta, alguien está dando testimonio de nosotros (con la diferencia de que en este último caso lo que hay es toda una serie de testimonios que las agencias de crédito han compilado).

En última instancia, ¿cuál es el testimonio más importante que hemos de buscar? O, para usar palabras de nuestros días, ¿cuál es la referencia más importante en la vida? Sin lugar a dudas, es la de nuestro Señor Jesucristo. Es él quien ha de dar testimonio ante el Padre (vea Mateo 10:32-33 y Apocalipsis 3:5).

ACTÚE: Imagínese por un momento que usted está escribiendo una carta de referencia, no sobre otra persona, sino sobre usted mismo, y que la carta va dirigida a Dios. ¿Qué dirá esa carta? Haga el ejercicio. A la postre, no le quedará otro recurso que recomendarse, no en su propio nombre, sino en el de Jesucristo, por cuyos méritos nos atrevemos a acercarnos al trono de la gracia. Recuerde que, si tal es su caso, lo mismo es cierto de todas esas otras personas a su derredor que pueden parecerle menos dignas, menos religiosas, menos recomendables. Tanto ellas como usted y yo no tenemos otra recomendación que la gracia de Jesucristo.

Tercer día   *Lea* Juan 5:39-47

VEA: Jesús continúa con su respuesta a los judíos que traman matarle porque se ha atrevido a sanar en el día de reposo, y porque se ha hecho igual a Dios. Sigue afirmando que es el Padre quien da testimonio de él. Pero ahora pasa a declarar que ese testimonio lo da el Padre, no sólo por medio de las obras del propio Jesús, como vimos ayer, sino también por medio de las Escrituras. Naturalmente, en el momento en que Jesús estaba hablando, todavía no existía el Nuevo Testamento; luego, las «Escrituras» a las que se refiere son las que hoy llamamos el Antiguo Testamento.

Lo que Jesús les dice a estos judíos que pretenden matarle es que lo que deben hacer es estudiar las Escrituras. En efecto, ellos creen que son las Escrituras las que les ofrecen la vida eterna; pero se equivocan, pues las Escrituras dan testimonio de Jesús, y es él quien da vida eterna. Luego, estos judíos, al utilizar las Escrituras (en este caso, la ley sobre el sábado) para rechazar y condenar a Jesús, se están acusando a sí mismos. No se percatan de que su verdadero enemigo, el que les condena, no es Jesús, sino el propio Moisés, cuyas Escrituras dan testimonio de Jesús. En otras palabras, que al leer las Escrituras para condenar a Jesús, estos intérpretes de hecho se están condenando a sí mismos.

JUZGUE: El pasaje nos muestra ante todo que no toda persona que cita la Biblia tiene razón. Estos judíos, jefes religiosos de Jerusalén, citaban las Escrituras para condenar a Jesús por haber sanado en el día de reposo, y por haberle dicho al paralítico que cargara su lecho en ese día. Si leemos en los Evangelios los pasajes que tratan sobre la tentación de Jesús en el desierto, veremos a Satanás citando las Escrituras para estorbar la obra de Dios. En consecuencia, el solo hecho de citar un versículo de la Biblia no garantiza que tengamos razón. Esto, no porque lo digamos nosotros, sino porque es lo que el pasaje bíblico de hoy nos muestra. Lo que Jesús les está diciendo a los judíos es que, aunque citen las Escrituras, son las mismas Escrituras las que les acusan.

El pasaje nos muestra también que hay modos correctos y modos errados de leer la Biblia. Es errado leerla como si se tratara de un libro de leyes. Cuando vamos a un abogado para que nos resuelva un problema, el abogado busca en los libros las leyes que se aplican al caso, y con eso trata de resolver la cuestión. Las demás leyes no le importan, y es como si no existieran.

Hay quien lee la Biblia así. ¿Qué dice la Biblia sobre el día de reposo? Dice tal cosa. Toda persona que no haga exactamente lo que dice en el versículo tal, ha de ser condenada. ¿Qué dice la Biblia sobre el matrimonio? Dice tal cosa. Quien no haga exactamente lo que la Biblia dice, ha de ser echado fuera. Ante tales actitudes legalistas, debemos recordar que todas estas cosas que la Biblia dice son importantes; pero colocarlas en el centro del mensaje de la Biblia, como si ése fuese el propósito de las Escrituras, es un error.

El modo correcto de leer la Biblia, como lo indica Jesús en este pasaje, es leerla de tal modo que veamos en ella a Jesucristo. Dicho de otro modo, la Biblia, más que un libro de leyes, es un libro de historia donde se narran los hechos maravillosos de la relación de Dios con su pueblo; es decir, con Israel y con la iglesia. El mensaje central de la Biblia es el de un Dios que de tal modo amó al mundo pecador que dio a su Hijo unigénito. Es un mensaje de amor, no de legalismos estrechos.

Quizá la diferencia nos la muestre Jesús en el versículo 17 (que estudiamos hace un par de días), al decir: «Mi Padre hasta ahora trabaja, y yo trabajo». La diferencia está en que para la persona legalista (sea judía o cristiana), Dios no sigue trabajando. Es como decir que Dios nos dio la Biblia, y ahora nos ha dejado solos con ella para que en base únicamente a ella le sirvamos. Jesús nos dice lo contrario. Dios sigue actuando. La Biblia nos indica el modo en que Dios actuó y sigue actuando. Lo que tenemos que hacer es, en base a la Biblia, ver cómo Dios actúa hoy. El problema de estos jefes judíos era que se mostraban incapaces de ver que en Jesús continuaba actuando el mismo Dios que actuó antes en Moisés.

¿En qué modos practicamos un legalismo semejante al de aquellos judíos? ¿Nos acusará quizá la misma Biblia que llevamos bajo el brazo y que empleamos para condenar a otras personas?

ACTÚE: Escriba en su cuaderno de reflexiones: «El centro de la Biblia es la acción de Dios en Jesucristo. El propósito de la Biblia es llamarnos a participar de esa acción. Lo que vaya en contra de ello no es lectura correcta de la Biblia.»

Aplique ese principio a todo el resto de su estudio en TRES MESES EN LA ESCUELA DE JUAN.

Cuarto día   *Lea* Juan 6:1-15

VEA: El acontecimiento que se cuenta aquí tiene lugar en la orilla occidental del mar de Galilea, pues es allí donde estaba la ciudad de Tiberias. Jesús, sin embargo, no está en Tiberias, sino en algún otro lugar de ese lado del lago.

La historia es conocida, sobre todo por cuanto versiones de ella se encuentran en los otros Evangelios. Según Juan cuenta los acontecimientos, Jesús se fue con sus discípulos a un lugar apartado, en la cumbre de un monte. De pronto, sin embargo, al levantar la vista, vio que era grande la multitud que, enterada de que él estaba allí, había venido al mismo monte.

Es interesante notar que la primera preocupación de Jesús al ver la multitud es que no tienen qué comer. Más adelante en el mismo pasaje veremos que hay razones por las cuales no le conviene andar en medio de tales multitudes. Pero por lo pronto, dejando a un lado tales razones, lo primero que Jesús hace es ocuparse de que tengan de comer.

Es por ello que le pregunta a Felipe con qué van a comprar pan para tanta gente. Como en varios otros lugares de su Evangelio, Juan nos dice que Jesús no preguntó esto porque no supiera la respuesta, sino más bien para probar a Felipe. Éste no sabe qué responder. Doscientos denarios no alcanzarían—y doscientos denarios eran el sueldo aproximado de un obrero por diez meses de trabajo. Andrés, quizá por decir algo, menciona los panes y los peces que el muchacho ha traído; pero bien sabe que eso no bastará siquiera para empezar a alimentar a la multitud.

Es entonces que Jesús se hace cargo de la situación. Manda que la gente se recueste sobre la hierba, bendice los alimentos que tiene, y empieza a repartirlos entre los discípulos, quienes a su vez los reparten a la muchedumbre. El resultado es que todos comen, y sobran doce cestas de pedazos de pan.

Pero hay otros dos resultados que Juan menciona, y que muchas veces no vemos. El primero es que la multitud se convence de que Jesús es verdaderamente el profeta prometido, o el Mesías. El segundo es que Jesús tiene que huir y esconderse, por temor a que la multitud venga a proclamarle rey.

JUZGUE: Reflexionando sobre todo este pasaje, y especialmente sobre el último versículo, se destacan ciertos elementos que bien pueden servirnos de ejemplo para la vida de la iglesia hoy. Al final del pasaje, vemos lo que estaba en juego cuando Jesús alimentó a la multitud. Al hacerlo, aumentó el riesgo de que quisieran proclamarle rey, lo cual inmediatamente traería sobre él la ira, no solamente de los jefes religiosos de Jerusalén que ya tramaban para matarle, sino también de todo el Imperio Romano. Recuerde que a la postre Jesús fue crucificado porque decían que pretendía ser «Rey de los judíos». Luego, el que la multitud le proclamara rey, aunque él mismo no accediera a esa proclamación, aumentaría el peligro en que ya estaba. Es por esto que, tras alimentar a la multitud, Jesús se fue solo al monte.

Lo notable de todo esto es que, a pesar de ello, Jesús alimenta a la multitud. Bien pudo haberles dicho que se fueran a buscar comida y le dejaran tranquilo. Con ello hubiera corrido mucho menos riesgo. Pero no. Jesús ve que tienen hambre, y les alimenta.

Piense ahora del modo en que la iglesia responde a las necesidades de la humanidad en derredor suyo. Con demasiada frecuencia, cuando vemos una necesidad en el barrio, en lugar de preguntarnos cómo podemos responder a esa necesidad, lo primero que nos preguntamos es cómo afectará a la iglesia la acción que tomemos. Si, por ejemplo, vemos que los jóvenes pasan las tardes desocupados, sin otra cosa que hacer que buscarse problemas, y pensamos en la posibilidad de tener un programa para ellos en el salón social de la iglesia, lo primero que nos preguntamos no es cuánto bien podremos hacer con tal programa, sino cuánto daño pueden hacernos esos jóvenes si les damos entrada a nuestro edificio.

¿Ha visto usted casos parecidos en su iglesia o en otras que usted conoce? ¿Qué nos dice al respecto la actitud de Jesús al alimentar a la multitud, aunque ello podía traerle graves consecuencias?

ACTÚE: Seleccione alguna necesidad que usted conozca en su barrio o comunidad. Empiece a hablar con otras personas en la iglesia (o en varias iglesias), para ver cómo pueden responder a esa necesidad. Anote sus reflexiones, la reacción de esas otras personas y el modo en que se vaya desarrollando el proyecto.

❦

Quinto día   *Lea* Juan 6:16-21

VEA: Mientras Jesús está en el monte, en un lugar apartado, sus discípulos van a la orilla, toman una barca, y salen para Capernaum. Es el anochecer, y según Juan nos dirá más adelante, toman la única barca que hay. El mar de Galilea es famoso por sus tormentas repentinas, y en este caso una de esas tormentas sorprende a los discípulos bastante lejos de la orilla (unos veinticinco o treinta estadios, que dice el texto que ellos habían remado, son aproximadamente cuatro o cinco kilómetros).

Es entonces que Jesús se les aparece caminando sobre el mar. Como es de suponerse, esto les causa espanto. Pero Jesús les dice que es él, y entonces ellos le reciben gustosos en la barca y siguen camino a Capernaum.

JUZGUE: Lo que sorprende de este texto, además del milagro, es su sencillez. En otras ocasiones, los milagros son «señales». Pero aquí no es más que una acción de Jesús, quien quiere ir a juntarse con sus discípulos cuando éstos ya están en el mar y no hay otra barca. Jesús no comenta sobre el milagro, ni lo usa para exhortarles o para probarles algo. Sencillamente viene caminando sobre el mar porque ése es el mejor modo de juntarse con sus discípulos.

Éstos a su vez actúan de manera semejante. Al principio tuvieron miedo, pues no sabían quién era éste que se les aparecía caminando sobre las olas en medio de la tempestad y la oscuridad. Pero una vez que Jesús se dio a conocer, Juan no nos dice más que «con gusto le recibieron en la barca».

Esto contrasta con el modo en que hoy algunos cristianos hacen alardes de milagros y de sanidades. Algunos tienen programas de televisión cuyo tema central es que Dios hace maravillas sanando a las personas, de modo que buena parte de sus programas se pasan en testimonios de una u otra persona que fue sanada de alguna dolencia.

Lo que resulta interesante para quien observa con detenimiento esos programas es que el hecho mismo de formar tanto alboroto cuando Dios sana a una persona es señal de falta de fe, de que de veras no esperábamos que Dios actuara, de modo que el hecho de que Dios sí actuó nos sorprende.

La fe de los discípulos es más profunda. Aceptan el milagro como cosa natural, pues saben quién es su Señor. Para quien de veras conoce a Jesús, verle caminando sobre el mar, aunque sea cosa poco común y de momento nos confunda y maraville, no tiene por qué sorprendernos. Lo sorprendente sería que este Señor de tanto poder no hiciera jamás uso de él.

ACTÚE: Piense sobre todas las cosas que Dios ha hecho en su vida. Recuerde las cosas extraordinarias, pero recuerde también las ordinarias. Haga una lista de ellas. De ser posible, mencione momentos o situaciones específicas. Recuerde sobre todo algún problema o situación que hace algún tiempo le preocupó sobremanera, pero que ahora parece haberse resuelto, o parece ser de menor importancia. Termine escribiendo en su cuaderno una oración de gratitud por todos los milagros que Dios ha hecho en su vida.

Sexto dia   *Lea* Juan 6:22-34

VEA: Al despertar el nuevo día, las gentes que andaban buscando a Jesús no saben dónde está. Vieron que el día anterior había una sola barca, y que los discípulos se habían ido en ella sin llevar consigo a Jesús; pero no sabían que Jesús se había unido a sus discípulos en medio del lago. En todo caso, puesto que otras barcas habían llegado al lugar procedentes de Tiberias, y al parecer puesto que sabían que Capernaum era el lugar hacia donde los discípulos habían partido, tomaron esas barcas y fueron a Capernaum.

Allí, para sorpresa suya, encontraron a Jesús. Naturalmente, le preguntaron cómo había llegado allá. Pero Jesús, en lugar de contestar a esa pregunta, les dice que la razón por la cual vinieron tras él es que les alimentó, y no porque de veras creyeron en él. Les exhorta entonces a trabajar, no por la comida que perece, sino por «la comida que a vida eterna permanece», la cual él (el Hijo del Hombre) les dará. La respuesta de ellos, preguntando cómo han de hacer las «obras» de Dios, se comprende si recordamos que «trabajar» en el versículo anterior es lo mismo que «obrar».

Jesús les sorprende diciéndoles que la «obra» que tienen que hacer es creer en él, a lo que ellos responden pidiendo alguna «señal»; es decir, algún milagro, para creer. Le dicen, además, que Moisés hizo señales alimentando al pueblo en el desierto con maná. En respuesta, Jesús declara que no fue Moisés, sino Dios, quien les dio el «pan del cielo»; es decir, el maná, a los israelitas en el desierto, y que es el mismo Dios quien ahora les ofrece «pan del cielo». Por último, ellos responden pidiendo que el Señor les dé de ese pan.

JUZGUE: Cuando nos detenemos a considerarlo, el pasaje es sorprendente. Éstas son las mismas personas a quienes Jesús alimentó de manera milagrosa el día anterior, y que ahora le han seguido hasta Capernaum. Ahora, cuando Jesús les dice que deben creer en él, ¡le piden que les dé alguna señal! ¡Como si no les hubiera dado tremenda señal el día anterior! Ayer, cuando tuvieron hambre, comieron de los panes y los peces. Pero ya hoy empiezan a olvidarse del milagro, y piden más.

Éste es precisamente el problema de la «fe» que se basa únicamente en los milagros. Si no le dan más milagros, se marchita o hasta se muere, como una planta sin agua. Todos conocemos esa clase de fe, y a veces hasta nos dejamos llevar por ella. En el día de hoy, ésa es la fe de las personas que andan de evangelista en evangelista, de programa de televisión en programa de televisión, de iglesia en iglesia, siempre buscando nuevos milagros, nuevas señales.

Pero ése es un concepto muy equivocado de la fe. La fe cree en un Dios que puede hacer y hace milagros, sí; pero no cree en Dios *porque* hace milagros. La fe cree en Dios sencillamente porque confía en él, porque le ama, porque desea servirle.

¿Conoce usted casos de personas que creyeron porque vieron algún milagro, pero que luego poco a poco, según se les fue pasando la memoria del milagro, fueron también enfriándose en su fe, hasta el punto en que ya no son creyentes activos? ¿Ha pasado usted por esa experiencia?

ACTÚE: *Ore:* Señor, creo en ti; ayuda mi incredulidad. Dame fe. Pero dame de esa fe que se goza en tu presencia, que te ama y te sirve, haya milagros o no. Gracias por los milagros que he visto en mi vida y en las de otras personas. Pero gracias sobre todo por el milagro de tu amor, manifestado de tantas formas y sobre todo en Jesucristo. En su nombre me atrevo a acercarme a ti. Amén.

Séptimo día   *Lea* Juan 6:35 59

VEA: El pasaje que estudiamos ayer terminó cuando los que habían venido siguiendo a Jesús desde que les alimentó le pidieron que les diera de ese «pan del cielo» que les había anunciado. Ahora continúa ese diálogo, en el que Jesús les aclara qué es ese pan del cielo. A la postre resulta claro que el pan del cielo es él mismo. Para alimentarse de él, hay que creer. Quienes creen en él tendrán vida y resucitarán en el día postrero. Resucitarán por acción de Jesús (6:40).

Es aquí que Juan nos dice que «los judíos» murmuraban contra él. Como en otros pasajes en Juan, «los judíos» probablemente son los de Judea; es decir, los que se relacionan más estrechamente con el templo en Jerusalén y con su culto, quienes veían a los galileos con desprecio y desconfianza. Luego, estas personas que murmuran contra Jesús no son necesariamente las mismas que le hicieron la pregunta inicial y que sostuvieron el diálogo con Jesús. Son más bien otras personas que escuchan lo que Jesús dice, y no les gusta.

Lo que dicen es que Jesús les es conocido, que conocen a sus padres. Por tanto, no puede ser cierto que haya descendido del cielo. Jesús, sabiendo lo que piensan, les dice que si no le reconocen es porque tampoco escuchan al Padre, pues es el Padre quien da testimonio de él.

El pasaje termina repitiendo lo que Jesús dijo antes. Él es el pan del cielo, y ese pan es mayor que el maná en el desierto. Quienes comieron del maná murieron, mientras que quien come del pan del cielo que es Jesús no morirá: «Yo soy el pan vivo que descendió del cielo; si alguno comiere de este pan, vivirá para siempre; y el pan que yo le daré es mi carne, la cual yo daré por la vida del mundo» (6:51).

JUZGUE: En este pasaje aparece una imagen en cuanto al modo en que Jesús nos salva que muchas veces descuidamos. Se trata de Jesús como alimento espiritual. Es importante recordar esta imagen para tener un cuadro más cabal de quién es Jesús y cómo hemos de relacionarnos con él. Jesús es nuestro Salvador. Para relacionarnos con él, hay que tener una conversión, un dejar de confiar en nuestras propias fuerzas o nuestra propia bondad para confiar en él.

Esto es muy importante, pero Jesús es también alimento espiritual. Esto quiere decir que la vida cristiana es vida en constante compañía con él. Jesús nos alimenta porque está con nosotros. Podemos alimentarnos de él porque caminamos con él (más adelante veremos esto en Juan 15:1-6). La vida cristiana no es solamente un momento de conversión, sino que es toda una existencia que se alimenta de Jesús, el pan de vida.

Por último, debemos recordar una vez más que este pasaje tan espiritual tuvo lugar casi inmediatamente después de la multiplicación de los panes y los peces. Jesús alimentó a las multitudes aun cuando sabía que no por ello iban a creer en él. Las alimentó porque tenían hambre y porque él tiene compasión de la necesidad humana. Jesús les ofreció pan del cielo porque fue específicamente para eso que vino a estar con nosotros. Pero no se contentó con dar una clase de pan sin dar la otra. Ni tampoco alimentó a las multitudes para que creyeran en él. Las alimentó con panes y peces porque tuvo compasión de su hambre física. Las alimentó con pan espiritual porque tuvo compasión de su hambre espiritual. Lo mismo hemos de hacer nosotros. Si alguien tiene hambre de pan, hemos de alimentarle aunque no esté dispuesto a aceptar el pan espiritual que también le ofrecemos. Si tiene hambre espiritual, hemos de alimentarle, tenga o no hambre de pan material.

Con demasiada frecuencia en la iglesia nos gusta discutir si es más importante alimentar a las personas hambrientas que predicarles, o si debemos alimentar a quienes vienen sólo por la comida, y cosas semejantes. El ejemplo de Jesús no deja lugar para tal discusión. El pan material es importante. El pan espiritual es importante. El hambre, en todas sus fases y manifestaciones, es enemiga de la voluntad de

Dios. Por tanto, hemos de alimentar a quien tenga hambre de pan material, y también a quien tenga hambre de pan espiritual.

ACTÚE: Estos estudios bíblicos que va siguiendo usted día tras día son ya un modo de alimentarse del pan espiritual que es Cristo. Comparta ese pan con otras personas, ya sea invitándolas a seguir la misma disciplina, ya comentando con ellas algo de lo que ha estudiado o decidido.

Al sentarse a la mesa para su próxima comida, hágase el propósito de hablar con quienes comparten la mesa con usted acerca de la necesidad de alimentar a los hambrientos. Piense en la responsabilidad que usted tiene, ya que puede comer, de ayudar a quienes no pueden.

PARA EL ESTUDIO EN GRUPO: Al terminar el estudio, pregúntele al grupo qué hemos de hacer durante la semana entrante para alimentarnos del pan de vida que es Jesucristo. ¿Qué hemos de hacer para ayudarnos unos a otros a alimentarnos de ese pan? Es posible que algunos de los miembros del grupo quieran hacer resoluciones de orar unos por otros, o de reunirse más frecuentemente durante la semana para orar o para compartir el estudio bíblico. Ayúdeles a pensar, no sólo en términos del grupo, sino de toda la congregación.

Pregúntele también al grupo qué podemos hacer para darle testimonio a nuestra comunidad de que creemos en un Señor Jesucristo que es pan de vida, y que alimenta a los hambrientos y se ocupa de los necesitados. ¿Estamos dando tal testimonio? ¿Qué podemos hacer para mejorar nuestro testimonio en este sentido?

Cuarta semana

Primer día   *Lea* Juan 6:60-71

VEA: El pasaje que estudiamos ayer ofendió a muchos de los que lo escucharon. El texto no dice exactamente por qué. Quizá lo que Jesús dijo acerca de comer su carne y beber su sangre les pareció escandaloso. Pero lo más probable es que se ofendieron porque Jesús se atrevió a comparar sus obras con las de Moisés, y a declararse superior.

(Recuerde que en el discurso que estudiamos la semana pasada Jesús les dijo a sus oyentes que quienes comieron del maná en el desierto a la postre murieron, pero quienes comieran del pan que él les ofrecía—que no era otro que él mismo—vivirían eternamente.)

Para un buen judío, el que alguien se atreviera a compararse con Moisés era en sí un acto de increíble soberbia. Pero ahora Jesús se declara superior a Moisés e igual a Dios. Luego, no ha de sorprendernos el que muchos se escandalizaran.

Jesús, en lugar de suavizar sus palabras que han ofendido a algunos de sus oyentes, insiste en ello. Ahora anuncia que va a ascender al cielo (6:62). Y les declara que sus palabras son mucho más que cualquier realidad humana (más que «la carne»), pues «son espíritu y son vida».

Por otra parte, el que muchos le abandonen no le sorprende, pues según Juan nos dice ya él sabía quiénes creían y quiénes no (6:64), y hasta sabía de la traición de Judas (6:64 y 71). Pero sí aprovecha esta oportunidad para afianzar la fe de sus verdaderos seguidores. En ese momento en que las multitudes empiezan a abandonarle, Jesús les pregunta a los doce: «¿Queréis acaso iros también vosotros?» (6:67) A esto responde Pedro con una tajante confesión de fe: «Tú tienes palabras de vida eterna. Y hemos creído y conocemos que tú eres el Cristo, el Hijo del Dios viviente» (6:67-69).

JUZGUE: La confesión de fe de Pedro se hace tanta más poderosa por cuanto la hace en el preciso momento en que las multitudes parecen abandonar a Jesús. Jesús le reta a abandonarle, y Pedro responde con sus famosas palabras: «Señor, ¿a quién iremos? Tú tienes palabras de vida eterna» (6:67).

Es fácil confesar a Jesús cuando todos están de acuerdo, y nuestra confesión resulta popular. Pero la confesión cobra un valor especial cuando se hace frente a opiniones adversas o en circunstancias difíciles.

Se cuenta del famoso misionero Guillermo Carey que una vez escribió a sus amigos en Inglaterra que se encontraba en serias dificultades. Se le habían acabado los fondos. Un compañero misionero había resultado ser un escándalo para la misión. No había ni un solo converso. Carey dijo: «Mi posición es insostenible. Por tanto, no nos queda otra alternativa que marchar adelante». Cuando otra persona se hubiera declarado en retirada, Carey se lanzó adelante. Esto fue lo que hizo Pedro. ¿Será lo que hacemos nosotros?

¿Está usted dispuesto a confesar su fe aun en momentos difíciles? Cuando en el trabajo o entre sus amistades, hay que tomar una decisión, y la mayoría quiere hacer algo que no está bien, ¿se mantiene usted firme en sus principios cristianos? Si no, recuerde que el precio es alto, pues sólo Jesús tiene palabras de vida eterna.

ACTÚE: Trate de recordar una situación en la que usted no fue fiel, por temor a las consecuencias o por simple inercia. Trate de recordar otra situación en que sí fue fiel. Anote un resumen de ambas. Termine su estudio pidiéndole a Dios que le ayude a ser fiel en el futuro, por muy difíciles que sean las circunstancias.

Segundo día   *Lea* Juan 7:1-9

VEA: Al leer este pasaje, conviene recordar que muchas veces, cuando Juan habla de «los judíos», se refiere a las personas de Judea, y especialmente a sus jefes. Es por eso que nos dice aquí que Jesús se quedó en Galilea «porque los judíos procuraban matarle». En otras palabras, en Judea, y especialmente en su ciudad capital, Jerusalén, los jefes religiosos tramaban contra Jesús. Pero en Galilea, territorio bastante apartado de Jerusalén, Jesús estaba más seguro.

La fiesta de los tabernáculos era una de las tres grandes celebraciones que tenían lugar todos los años en Jerusalén. Se llamaba «de los tabernáculos» porque se construían pequeñas cabañas o tabernáculos. Era costumbre que todos los judíos varones trataran de asistir a la fiesta. Por tanto, no ha de sorprendernos el que los hermanos de Jesús fueran a la fiesta, ni tampoco el que insistieran en que él también fuera.

Lo notable, y lo triste, es la razón por la cual los hermanos de Jesús querían que fuera a Jerusalén. Nos dice Juan que no creían en él. Y, precisamente porque no creían, le instaban a que fuera a Jerusalén a hacer sus milagros, y así reclamar su poder. Para ellos no era riesgo ninguno. Si Jesús resultaba ser un falso profeta, y le destruían, ellos no tenían nada que ver con eso. Si, por el contrario, tenía éxito y le hacían rey, ellos eran sus hermanos, y se beneficiarían.

Pero Jesús les contesta que su tiempo no ha llegado. Recuerde que en el Evangelio de Juan el «tiempo» o «la hora» de Jesús es su muerte. Note que Jesús sabe que el «mundo» no va a amarle. Él no va a ser popular. El mundo le aborrece precisamente porque él dice la verdad acerca del mundo, y de la maldad de sus obras.

A la postre, los hermanos van a Jerusalén, y Jesús permanece en Galilea.

JUZGUE: Piense en la actitud de los hermanos de Jesús. No creen en él. Pero, por si acaso es verdad que ha de tener poder, le instan a que vaya a Jerusalén a reclamarlo. En otras palabras, no actúan por fe ni por amor, sino por una especie de incredulidad que sólo puede creer en el triunfo y el poder. Si su hermano resulta ser «Rey de los judíos», ellos se alegrarán. Si no, sencillamente se lamentarán y continuarán con sus vidas.

Lo mismo sucede hoy con muchos de nosotros. Estamos muy dispuestos a seguir y a proclamar a Cristo rey. Queremos participar de sus triunfos. Queremos ser de los suyos cuando él venga en gloria. Pero no queremos participar de los sufrimientos del Cristo crucificado. Queremos resurrección; pero no queremos cruz. Queremos gloria; pero no queremos esfuerzo. Queremos perdón; pero no ofrecemos fidelidad.

El Cristo de los Evangelios es el Rey crucificado. No podemos aceptar lo uno sin aceptar también lo otro. No podemos aceptar la vida que él ofrece sin morir en él. No podemos resucitar con él sin ser crucificados con él. Querer pretender lo contrario es tener esa incredulidad disfrazada de fe que caracterizó la acción de los hermanos de Jesús.

ACTÚE: *Ore:* Señor y Dios mío, enséñame de tal modo a confiar en tu Hijo que pueda tomar tanto su cruz como su corona, tanto sus triunfos como sus dolores. Crucifícame en él y dame vida en él. En los momentos difíciles, recuérdame de su resurrección. En los momentos fáciles, recuérdame de su cruz. En todo momento, haz que yo viva en él. En su nombre. Amén.

Tercer día *Lea* Juan 7:10-24

VEA: Aunque Jesús les dijo a sus hermanos que no iría a la fiesta, a la postre decidió ir. Fue sin darse a conocer, de incógnito; pero al parecer corrió el rumor de que estaba allí, pues «le buscaban los judíos», y la multitud murmuraba acerca de él. Resulta interesante ver que la multitud, quienes son todos judíos, temen a «los judíos». Una vez más, en el Evangelio de Juan ese título se reserva frecuentemente para los líderes de Jerusalén. En todo caso, entre la multitud circulan dos opiniones contrarias: una a favor de Jesús y otra en contra.

Por fin, a mitad de la fiesta, Jesús se presenta abiertamente en el templo y empieza a enseñar. Ahora los judíos se maravillan de que una persona que al parecer no tiene estudios formales pueda hablar con tanta sabiduría. Aunque no se nos dice que le plantearan la pregunta a Jesús, éste la contesta diciendo que su doctrina no es de él, sino «de aquel que me envió»; es decir, del Padre. Toda persona que de veras quiera servir a Dios reconocerá que lo que Jesús enseña es verdad, y no invención suya.

En contraste, dice Jesús, quien habla por cuenta propia lo que busca es su propia gloria. Quien de veras busca la gloria de Dios no comete injusticia, sino que acepta y cree la doctrina que Jesús ha traído del Padre.

A los judíos que procuraban matarle (según vimos en Juan 5:18), Jesús les dice que aunque ellos tienen la ley de Moisés, no la cumplen. Note que Jesús no dice que la ley de Moisés sea mala. El problema está en que estos jefes judíos que no cumplen la ley ahora quieren matar a Jesús por haber desobedecido la ley del reposo cuando curó al paralítico. Luego, la pregunta de Jesús implica que los jefes judíos en realidad tienen otra razón para procurar matarle: «¿Por qué procuráis matarme?» (7:18)

La multitud, que no sabe de los planes de los poderosos para deshacerse de Jesús, dice que está loco («demonio tienes»), pues nadie procura matarle (7:20).

Una vez más Jesús muestra cuán absurda es la acusación que se le hace. Los propios judíos circuncidan lo mismo en el día de reposo que en cualquier otro día. Lo hacen porque tanto la circuncisión como la ley del reposo son parte de la ley de Moisés. ¿Por qué, entonces, quieren matar a Jesús, quien lo único que ha hecho fue sanar a un hombre en el día de reposo?

Todo termina con una exhortación de Jesús para que sus oyentes juzguen «con justo juicio»; es decir, sin dejarse llevar por las apariencias o las costumbres (7:24).

JUZGUE: Juzgar «con justo juicio» no siempre es fácil. Frecuentemente en la vida real un principio se opone a otro. En el caso de la circuncisión, Jesús muestra que existe una tensión en la ley, que por una parte ordena descansar el día de reposo, y por otra manda circuncidar a todo varón al octavo día de nacido. Los judíos ya habían determinado que cuando esos dos principios parecían estar en conflicto, se debía circuncidar al niño, aunque fuera día de descanso. Lo que Jesús había hecho era sanar a un enfermo en el día de descanso. También ocuparse de los enfermos y desvalidos era parte de la ley de Dios. Pero ahora «los judíos» (es decir, sus jefes religiosos) insisten en que Jesús ha desobedecido la ley.

Al ver las cosas de este modo, resulta claro que los judíos juzgan las cosas de diversos modos, según les convenga. Mientras está bien circuncidar en el sábado (que es lo que ellos hacen), no está bien sanar (que es lo que Jesús hizo). ¿No será entonces que piensan de ese modo porque hablan por cuenta propia, y lo que buscan es su propia gloria? (Véase 7:18.)

En estos casos en que los principios parecen estar en conflicto, lo que tenemos que ver es si juzgamos por cuenta propia, y para nuestra propia gloria o si juzgamos para la gloria de Dios.

Volvamos sobre un ejemplo que ya hemos planteado antes, el de la posibilidad de albergar madres e hijos desamparados en los edificios de una iglesia. Cuidar los edificios de la iglesia es un principio bueno. Cuidar de los desamparados también es bueno. Parece haber un conflicto entre ambas cosas. Cuando la iglesia se reúne para discutir lo que ha de hacer, si cada cual insiste en tener razón (es decir, en su propia gloria), nunca se pondrán de acuerdo. Si, por el contrario, todos buscan la gloria de Dios, lo más probable es que sí llegarán a una solución.

ACTÚE: Repase en su mente un desacuerdo que haya tenido con alguna persona recientemente. En esa discusión, ¿estaba usted tratando de probar que tenía razón o estaba tratando de llegar a la verdad? Anote sus reflexiones. Hágase el propósito, la próxima vez que tenga un desacuerdo con alguien, de buscar ante todo la verdad y la gloria de Dios, más bien que la suya.

Cuarto día *Lea* Juan 7:25-31

VEA: Al ver a Jesús enseñar abiertamente en el templo, algunos de entre la multitud piensan que quizá ha logrado convencer a las autoridades («los gobernantes») de que él es el Mesías. Pero todavía estas mismas personas tenían sus dudas, pues sabían que Jesús venía de Galilea, y esperaban que el Mesías aparecería de manera súbita y misteriosa.

Conociendo lo que decían, Jesús contradice esa opinión. Les dice que sí es cierto que saben de dónde viene (es decir, de Galilea), pero que la cuestión no es de dónde él viene, sino quién le envió. Y quien le envió es «verdadero». Dado el modo en que se hablaba de Dios entre personas religiosas judías, decir que uno era enviado del «verdadero» era prácticamente lo mismo que decir que uno era enviado de Dios. Luego, lo que Jesús dice es que, aunque venga de Galilea, ha sido enviado de Dios.

Y dice más. Les dice que ellos no conocen al Verdadero, mientras que él si le conoce, pues procede de él, y él le envió. Note que al decir que procede del Verdadero, en un sentido más profundo, Jesús está diciendo que viene, no de Galilea, sino de Dios.

Surge entonces una notable diferencia de opinión. Algunos «procuraban prenderle». Puesto que sólo los jefes tenían autoridad para prender, es de suponer que se trataba de algunos de esos jefes religiosos a quienes Juan llama «los judíos». Pero había también muchos en la multitud que creyeron que Jesús era el Cristo (es decir, el Mesías). El resultado es que los jefes no lo prendieron. Y el evangelista nos da la explicación teológica del hecho: «porque aún no había llegado su hora» (7:30).

JUZGUE: Al leer este texto, lo que más nos sorprende es la ingenuidad de la gente. Piensan que quizá Jesús ha logrado convencer a los jefes de Jerusalén de que él es en realidad el Mesías esperado. Esto es altamente ingenuo, pues no se dan cuenta de que la venida del Mesías sería una gran amenaza para esos mismos jefes. Ellos tienen su autoridad en parte porque son expertos en la religión de Israel, y probablemente muchos de ellos son personas sinceras y consagradas; pero también tienen esa autoridad porque el Imperio Romano les permite tenerla. Al mismo tiempo que son líderes religiosos, son colaboradores del Imperio Romano. De hecho, los principales de ellos, personas como Herodes y el sumo sacerdote, ocupan su cargo gracias al apoyo y sostén de Roma. Luego, la venida del Mesías, y la restauración del trono de David, sería una gran debacle para ellos y para su poder. Es por eso que se oponen a Jesús.

En esa oposición hay parte religiosa y parte política. En lo religioso, por ejemplo, se sienten ofendidos al ver a Jesús sanar en el día de reposo. En lo político, el hecho de que haya alguien de quien las multitudes empiecen a decir que quizá sea el Rey prometido puede causar grandes desórdenes, y costarles a ellos la buena voluntad de Roma. Luego, pensar que Jesús va a convencerles con argumentos teológicos o con señales teológicas, es desconocer hasta qué punto esos jefes están atados al sistema existente.

Los cristianos de hoy tenemos que cuidar de no caer en la misma ingenuidad. Por todas partes hay líderes políticos que quieren el apoyo de la iglesia, y que nos dirán todo lo que piensen que queremos escuchar. Políticos hay que han alcanzado el poder a base de votos cristianos, pero que luego utilizan ese poder para enriquecerse y para explotar a los pobres. Sus palabras son muy santas, y citan la Biblia en cada discurso. De ese modo convencen a los creyentes ingenuos. Pero lo que de veras buscan es el poder, y una vez que lo tienen, lo usan a su antojo, como cualquier político incrédulo.

ACTÚE: Examine la actuación y los programas de acción de los movimientos políticos supuestamente cristianos. No se deje llevar por palabras bellas ni por citas bíblicas. Al hacer ese examen, pregúntese hasta qué punto ese movimiento o ese político está particularmente preocupado, como la Biblia manda repetidamente, por el bien de los pobres, los huérfanos, las viudas y los extranjeros. (Este tema del trato a los extranjeros debe ser de particular interés para los hispanos en los Estados Unidos, pues si no nosotros, al menos muchos de nuestros parientes y hermanos en la iglesia son extranjeros.)

Quinto día *Lea* Juan 7:32-39

VEA: Los jefes religiosos (los fariseos y los principales sacerdotes), al enterarse de lo que se dice de Jesús, deciden que ha llegado el momento de hacerle prender, y mandan alguaciles para hacerlo. Más adelante veremos el resultado de la gestión de los alguaciles. Pero el pasaje de hoy narra la respuesta de Jesús al saber que vienen a prenderle, y el modo en que las gentes reaccionan a esa respuesta.

Jesús les anuncia que no siempre estará con ellos. Si les dice esto sólo a sus discípulos, o también a los alguaciles, no está claro. En todo caso, Juan sí indica que quienes le escucharon fueron más que el círculo íntimo de sus discípulos (7:35-36). Allí, los que le escuchan se preguntan qué quiere decir Jesús con eso de irse donde no podrán hallarle. En el contexto de lo que está sucediendo, que los alguaciles están a punto de arrestarle, Jesús parece estar diciendo que tiene un escondite secreto o un lugar donde huir para que no le prendan. Es por eso que algunos sugieren que Jesús está hablando de irse «a los dispersos entre los griegos» (7:35). Esto se refiere a los millones de judíos que vivían fuera de Palestina, en el mundo helenista de la época. Luego, lo que algunos sospechan es que Jesús va a huir del país.

Ya la fiesta tocaba a su fin, y Jesús enseñó entonces por última vez antes de que la multitud se dispersara. Lo que anunció nos recuerda lo que le dijo antes a la samaritana: «El que cree en mí . . . de su interior correrán ríos de agua viva» (7:38). Y el evangelista nos explica que esto se refiere a la dádiva del Espíritu Santo, que vendría después de la ascensión de Jesús.

JUZGUE: Cuando Jesús dice que va a partir para otro lugar donde no podrán encontrarle, quienes le escuchan no pueden pensar en otra alternativa que los judíos de la dispersión (los que vivían «entre los griegos»). Su marco de referencias no incluye otra alternativa, y por eso no le entienden. Pero Jesús no está hablando de irse a otra parte de la tierra, sino de una alternativa más radical.

En el mundo de hoy, hay muchas personas y movimientos que no pueden pensar sino en términos de alternativas bipolares (es decir, de alternativas que se presentan únicamente de dos en dos, de tal modo que si no escogemos una, automáticamente caemos en la otra). Si no eres republicano, eres demócrata. Si no eres demócrata, eres republicano. Si no te gusta el capitalismo, eres comunista. Si no te gusta el comunismo, eres capitalista. Si no eres fundamentalista, eres modernista. Si no eres modernista, eres fundamentalista.

Cuando pensamos de ese modo, muchas veces dejamos pasar las alternativas más creadoras y prometedoras. A veces hay respuestas que no son las de ninguno de ambos bandos o que toman algo de cada uno de los dos. Luego, aun desde el punto de vista meramente humano, es mejor no pensar en términos de alternativas bipolares.

Y esto es mucho más importante si traemos a colación nuestra fe. En esas alternativas bipolares, se piensa que no hay otras opciones, y por tanto se deja fuera a Dios, quien no pertenece a ninguno de ambos bandos. Así, aquellos judíos pensaban que si Jesús se iba de Judea, tenía que ir a los judíos de la dispersión; pero al pensar así descontaban la tercera y más alta posibilidad: que Jesús se fuera a estar con Dios. De igual modo, cuando hoy pensamos que no hay más que dos alternativas, y que ya están dadas, excluimos la posibilidad de que Dios nos dé nuevas respuestas.

ACTÚE: La próxima vez que esté usted en medio de una discusión, deténgase a orar en silencio. Pídale a Dios que le muestre mejores soluciones. Los resultados le sorprenderán.

Sexto día   *Lea* Juan 7:40-52

VEA: Las palabras de Jesús causan división entre la multitud. Al oírle, algunos se convencían de que Jesús era el Mesías (el Cristo). Pero otros no le aceptaban, pues no creían que un galileo pudiera ser el Mesías. Entre otros argumentos, algunos decían que según las profecías el Mesías debía venir de Belén, en Judea. Además, argumentaban que el Mesías no podía venir de Galilea —región que, como hemos visto, era despreciada por los verdaderos judíos de Jerusalén y los alrededores. El resultado de ese desacuerdo es que, aunque algunos querían prenderle, nadie lo hizo.

Regresan entonces los alguaciles a los fariseos y principales sacerdotes que les enviaron a prender a Jesús, pero vienen con las manos vacías. Cuando se les pide cuentas, dicen que Jesús habla como nadie antes ha hablado.

La respuesta de los fariseos es típica de su actitud. Acusan a los alguaciles de haberse dejado convencer, cuando de hecho ninguna de las personas que «cuentan»—los gobernantes y los fariseos—ha creído en él. Son la gente baja, la «que no sabe la ley», gente que es «maldita», quienes han creído en Jesús.

Sale entonces Nicodemo, el que vino a Jesús de noche (Juan 3), no a defender a Jesús abiertamente, sino a pedir que se siga el justo proceso de ley, y que no se condene a Jesús antes de escucharle y ver lo que de veras ha hecho. Pero, a pesar de que Nicodemo es fariseo y «principal entre los judíos» (3:1), tan pronto como sale en defensa de Jesús, el resto del grupo lo margina y le acusa: «¿Eres tú también galileo?» (7:52) Con esa pregunta, le están acusando de juntarse con esa gente marginada maldita, que no conoce la ley, y que no cuenta para nada en Jerusalén. Y entonces justifican su actitud con un argumento al parecer bíblico: «Escudriña y ve que de Galilea nunca se ha levantado profeta» (7:52).

JUZGUE: El prejuicio de los judíos contra los galileos se pone claramente de manifiesto en este pasaje. Naturalmente, una vez más no se trata de todos los judíos, sino de los «gobernantes» y los fariseos. Pero en todo caso, esta gente ve mal a los galileos y a toda persona que no conozca la ley tan bien como ellos. Tan es así, que declaran que «esta gente que no sabe la ley, maldita es». Y cuando Nicodemo sale en defensa de Jesús, inmediatamente le empiezan a aplicar el mote de «galileo» para hacerle callar.

Lo que vemos aquí es que el conflicto no es puramente religioso. Es también social y cultural. Los jefes de Judea no piensan nada bueno de los galileos, que les parecen medio paganos. Ahora que estos galileos están empezando a presentarse en Jerusalén, y a reclamar para sí las promesas del Mesías, los jefes ven amenazado su antiguo privilegio, y empiezan a preocuparse.

Lo mismo sucede en nuestros días, no solamente en el ámbito religioso, sino también en el político y social. A mucha gente hispana se le margina precisamente porque personas de la cultura dominante las ven como una amenaza a su posición de privilegio.

En las iglesias vemos algo parecido. Todas las denominaciones están hablando de cómo atraer más latinos; pero ninguna de ellas quiere permitir que estos nuevos miembros cambien el modo en que se hacen las cosas. Que entren, sí; pero que dejen sus hispanidad allá fuera. A veces, es por eso que se nos acusa de ser demasiado emotivos en nuestros cultos, o de tomar la Biblia demasiado literalmente, o de ser fanáticos proselitistas, o de no conocer el gobierno y la doctrina de la denominación. Puede que algo de esto sea cierto; pero la verdad es que ésas no son las razones, sino las excusas, para marginar a nuestros líderes y nuestras tradiciones culturales. La verdadera razón es el temor a perder la posición de privilegio que algunas personas o grupos han tenido tradicionalmente.

ACTÚE: Entérese del lugar que ocupan los hispanos en su denominación. ¿Hay un plan para ministerios hispanos? ¿En qué consiste? ¿Quién lo preparó? ¿Quién lo maneja? ¿Hay una oficina para ministerios hispanos? ¿Quién la ocupa? ¿Hay otras personas de origen latino en cargos de importancia? ¿Cuántos miembros de origen latino tiene su denominación? Comparta sus hallazgos con otras personas.

Séptimo día   *Lea* Juan 8:1-11

VEA: En los estudios pasados hemos visto a varias personas que vinieron a Jesús tales como Andrés, Simón, Natanael, Nicodemo y los alguaciles. Estas personas vinieron por diversas razones, unas para seguirle, otras para prenderle; pero todas vinieron voluntariamente.

El incidente que narra el pasaje que estudiamos hoy es distinto, pues en este caso la mujer no fue voluntariamente adonde estaba Jesús, sino que fue traída a la fuerza por otras personas. Se trata de una mujer adúltera, descubierta en el acto mismo, y a quien un grupo de escribas y fariseos trajeron ante Jesús para que él le aplicara la ley que exigía que tales mujeres fueran muertas a pedradas.

Hay que notar, sin embargo, dos circunstancias importantes que a veces olvidamos. La primera es que en Levítico 20:10, la ley manda que en caso de adulterio tanto el hombre como la mujer sean muertos. Si la mujer fue tomada en adulterio, ciertamente no estaba sola. ¿Por qué, entonces, estos escribas y fariseos no traen también al hombre? Quizá porque en aquella sociedad, como en la nuestra, se pensaba que los pecados sexuales de la mujer eran menos excusables que los del varón. O quizá porque, como veremos más adelante, lo que les importaba no era tanto condenar a la mujer como poner a Jesús en un aprieto.

La segunda circunstancia que es importante recordar es que Palestina estaba bajo el gobierno de Roma, y los judíos no tenían el derecho de imponer la pena de muerte. Luego, estos escribas y fariseos están tratando de poner a Jesús en una posición políticamente insostenible. Si manda matar a la mujer, tendrá que vérselas con las autoridades romanas. Si dice que no hay que obedecer la ley de Moisés, los demás judíos perderán su confianza en él. Es por esto que el versículo 6 aclara que los escribas y fariseos estaban «tentándole (es decir, probándole), para poder acusarle».

Para estos escribas y fariseos, la pobre mujer no es más que un instrumento conveniente, una excusa para probar a Jesús. El hecho de que ha sido descubierta en una situación trágica, todo el dolor que pueda esconderse en su acción, y el hecho de que posiblemente va a ser apedreada, parece tenerles sin cuidado. Lo importante es probar a Jesús, para ver si va a sostener la ley o no.

Si la mujer es pecadora, no son menos pecadores los escribas y los fariseos, por estar dispuestos a aplastar a una persona a fin de alcanzar sus propios propósitos, aunque éstos sean supuestamente religiosos. Lo que es más, su pecado es aun mayor por el hecho mismo de tratar de esconder sus mezquinas razones tras una fachada de religión.

La respuesta de Jesús fue mostrarles a todos su pecado. No se sabe qué fue lo que escribió en tierra. Algunas personas han supuesto que era una lista de diversos pecados. Otras sugieren que era la cita de Levítico, para que los acusadores vieran que estaban tratando de aplicar la ley injustamente, castigando sólo a la mujer y no al hombre.

En todo caso, el hecho es que cuando Jesús les dijo que quien estuviera libre de pecado lanzara la primera piedra, nadie se atrevió a hacerlo, y uno a uno fueron abandonando el lugar. Jesús entonces perdona a la mujer y la exhorta a no pecar más.

JUZGUE: Lo primero que el texto nos indica es la misericordia de Jesús, a la cual nosotros también podemos acogernos. Jesús no le dice a la mujer que lo que hizo estaba bien; pero sí la perdona y la exhorta a abandonar el pecado. Ese Jesús que perdonó a aquella mujer también me perdona a mí, y a toda otra persona que se acerque a él pidiendo perdón.

Por otra parte, al leer este texto no debemos colocarnos únicamente en el lugar de la mujer a quien Jesús perdonó. Preguntémonos más bien si no hay casos en los que nuestra actitud y actuación se han parecido más a las de los escribas y fariseos. Naturalmente, la iglesia tiene la obligación de oponerse a todo lo que vaya contra la voluntad de Dios. Pero al hacer esto, debemos cuidar de no hacerlo de tal modo que nuestra actitud sea una negación del amor y del perdón de ese mismo Dios.

Muchas veces la religión se utiliza, no para proclamar el perdón de Dios, y para llamar a las personas a hacer su voluntad, sino para mostrarles a los demás que somos mejores que ellos. Entonces empezamos a aplicarles reglas, para que se vea claramente lo pecadores que son. Y las reglas no siempre se aplican con equidad, como sucedió en el caso de aquellos escribas y fariseos que dejaron ir al hombre que adulteró con la mujer.

En tales casos nos convendría recordar el encuentro de Jesús, no con la mujer adúltera, sino con los escribas y fariseos. Su pecado (y a veces también el nuestro) era al menos tan grande como el de la acusada. Recuerde que, porque ella llegó como pecadora, y ellos como gente buena y pura, ella recibió perdón, y ellos se escurrieron.

ACTÚE: Piense en alguien en su iglesia a quien por cualquier razón usted considere terriblemente pecador. Entonces escriba en su cuaderno:

«Yo necesito el perdón de Dios tanto como _____.»

Piense en la razones por las que lo que acaba de escribir es verdad. Anote sus reflexiones. Ore pidiendo perdón para usted, así como para esa otra persona.

PARA EL ESTUDIO EN GRUPO: Escriba el siguiente párrafo en la pizarra o en un papel grande:

«El mensaje de la iglesia no es sólo que Dios odia el mal, y que ese mal incluye el vicio, la inmoralidad y la explotación. El mensaje de la iglesia es que a las personas que cometen tales pecados Dios las perdona y les dice «no peques más.»

Discuta esa afirmación con el grupo. Pregúntele si en nuestra vida diaria damos testimonio más frecuente de lo primero o de lo segundo.

Quinta semana

VEA: El pasaje empieza diciendo que Jesús «les habló», pero no indica a quiénes. Puesto que al final del pasaje se nos dice que Jesús estaba en el templo, «en el lugar de las ofrendas», podemos imaginarnos a Jesús predicándoles a cuantos quisieran escucharle (8:20).

La predicación de Jesús a menudo es acerca de él mismo. Esto se entiende, pues él es el Señor y Salvador. Luego, lo que en otra persona podría parecer egocentrismo o soberbia, en Jesús es una necesidad, pues parte de su ministerio consiste en invitar a otros a creer en él. Es por eso que en los Evangelios, y especialmente en Juan, aparece tantas veces la frase «yo soy». Ya antes, en 6:35, le vimos diciendo «yo soy el pan de vida». Ahora declara «yo soy la luz del mundo». Añade que quien le siga tendrá «la luz de la vida» (8:12).

Ante tales declaraciones, no ha de extrañarnos el que los fariseos le confrontaran. Ahora se trata de la cuestión del testimonio, que ya vimos una vez antes en nuestro estudio. Los fariseos le dicen a Jesús que, puesto que es él mismo quien da testimonio de sí, ese testimonio no es válido. Hoy tenemos una frase para decir lo mismo: «La recomendación viene de demasiado cerca».

A esto responde Jesús que, aunque sea él mismo quien dé testimonio de sí, lo que dice es verdad. A esto sigue una serie de aseveraciones que posteriormente los creyentes entenderían claramente, pero que los fariseos entienden en otro sentido. Para los creyentes, Jesús está hablando de su origen junto al Padre, y de su relación estrecha con Él, de modo que tanto él mismo como el Padre dan testimonio de él. Pero los fariseos le entienden literalmente, igual que le tomaron literalmente antes, cuando dijo que iba adonde no podrían seguirle.

En consecuencia, le preguntan: «¿Dónde está tu Padre» (8:19). La respuesta de Jesús, otra vez ininteligible para los fariseos, pero perfectamente entendible después para los cristianos, es que su unidad con el Padre es tal que quien le conoce a él conoce también al Padre, y que por tanto los fariseos no le conocen.

JUZGUE: Lo que Jesús dice es que quien le conoce a él conoce al Padre. Esto es crucial para nuestra fe, que afirma que en Jesús vemos a Dios mismo. El mejor modo de conocer a Dios no es mediante la especulación filosófica, ni tampoco, como afirman algunos hoy, mediante la meditación silenciosa. El mejor modo de conocer a Dios es estudiar la vida y las enseñanzas de Jesucristo, y entonces consagrarnos a él de tal modo que él viva en nuestras vidas.

A partir de esa experiencia, podremos ver más claramente a Dios, no sólo en Jesucristo, sino también en la naturaleza, en la belleza de las artes, en el amor entre los humanos y en la armonía de los astros. Pero todo esto viene después de una experiencia con Jesucristo. De otro modo nos inventamos un Dios que no es sino un ídolo.

ACTÚE: Estamos terminando el primero de este estudio sobre Juan. Repase el ritmo que ha seguido hasta aquí. ¿Está usted llegando a conocer a Jesús mejor y más de cerca? ¿Se ha consagrado usted más a su servicio? Pídale que llene su corazón y su vida de modo que en su relación con él pueda usted conocer al Padre.

Segundo día   *Lea* Juan 8:21-30

VEA: Jesús sigue hablando en términos que no son del todo claros, excepto a quien cree. Anuncia que se va, y que los mismos que ahora le escuchan le buscarán, pero no podrán encontrarle. Desde fecha muy temprana, los cristianos entendieron estas palabras de Jesús como un anuncio de su muerte y su resurrección. Él partirá, y quienes pretendan encontrarle en su tumba no le encontrarán.

En todo caso, quienes le escuchan y no creen en él entiendan lo que él dice en otro sentido. Lo toman literalmente, y hasta piensan que está hablando de suicidarse. Pero Jesús les aclara por qué no entienden: «Vosotros sois de abajo, yo soy de arriba; vosotros sois de este mundo, yo no soy de este mundo» (8:23). Esto no quiere decir sólo que él haya venido del cielo, sino también que la perspectiva de ellos no es la del cielo. Su perspectiva es la del mundo, y por eso no ven ni entienden. Y porque ni creen ni entienden, morirán en sus pecados.

Algunos de los que le escuchan siguen sin entender, y él les responde que desde el principio les ha estado diciendo quién él es. Pero así y todo no entienden. Tampoco entienden cuando les anuncia que le van a matar («cuando hayáis levantado al Hijo del Hombre»).

Posiblemente lo que más sorprenda del pasaje es el hecho de que, a pesar de que Jesús habla en estos términos un poco difíciles de entender, Juan nos dice que «hablando él estas cosas, muchos creyeron en él» (8:30).

JUZGUE: La relación entre creer y entender es compleja. A veces pensamos que si de veras entendiéramos los propósitos de Dios, entonces sí creeríamos. Otras veces pensamos que con creer basta, y que no es importante entender. Pero lo cierto es que creer y entender van mano a mano, de tal modo que cada uno de estos dos elementos contribuye al otro.

En este caso, los fariseos y otros conocedores de la ley y letrados no entienden lo que Jesús dice. En contraste, otros creen, y por tanto entienden qué es lo que Jesús está diciendo. O al menos, entienden algo de ello.

Lo mismo sucede hoy. Si alguien dice que va a esperar entender todas las doctrinas del cristianismo, y a resolver todos los misterios y todas las dificultades intelectuales, para entonces creer, el hecho es que nunca creerá. Y si alguien dice que basta con la fe, y que no es necesario entender las cosas de Dios, el hecho es que nunca entenderá, y que a la postre su fe misma sufrirá. La vida cristiana combina ambas cosas. Mientras más creemos, mejor entendemos. Y mientras mejor entendemos, más creemos.

ACTÚE: *Ore:* Dios mío, grande es tu sabiduría. Alta es, no la puedo comprender. Pero sí te ruego que me des la fe para entender mejor y la sabiduría para creer más. Por Jesucristo, mi Señor, sabiduría tuya y revelación tuya. Amén.

Tercer día   *Lea* Juan 8:31-40

VEA: Las palabras «conoceréis la verdad, y la verdad os hará libres» son bien familiares (8:31). Empero, pocas veces pensamos en el contexto en que aparecen. El pasaje de hoy consiste en un diálogo entre Jesús y un grupo de judíos que habían creído en él. Pero más adelante se nos dice que estas mismas personas procuran matarle.

¿Qué es lo que ha sucedido, que estos judíos que habían creído en Jesús ahora procuran matarle? Al leer este pasaje vemos que lo que ha causado el problema son las palabras «conoceréis la verdad, y la verdad os hará libres». Esto nos da a entender que estas palabras quieren decir mucho más de lo que a menudo pensamos, pues de algún modo ofendieron a estos judíos que las escucharon por primera vez.

Al leer el pasaje vemos que estos judíos creyentes se ofendieron al oír que Jesús les prometía libertad. Según ellos decían, no eran ni habían sido jamás esclavos de nadie, y por tanto ofrecerles libertad era ofenderles. Jesús les responde diciendo que, como pecadores que son, son esclavos del pecado y, por tanto, necesitan que él les libere. Continúa diciéndoles que aunque sean descendientes de Abraham, en realidad siguen a otro padre que les dice otras cosas.

JUZGUE: Es interesante notar que estos judíos, que se dicen descendientes de Abraham, dicen que jamás han sido esclavos de nadie. Parece olvidárseles que todo el pueblo de Israel fue esclavo en Egipto, que siglos más tarde vino el exilio en Babilonia, que en diversos tiempos han sido esclavos de los filisteos, de los amorreos y de otros pueblos, y que ahora mismo no son sino una provincia del Imperio Romano, que gobierna el país a su antojo. Y es precisamente porque se olvidan de su esclavitud, y quieren dárselas de libres, que no pueden escuchar la palabra liberadora de Jesús.

¿Qué quiere decir todo esto para nosotros? Quiere decir que si nos negamos a reconocer nuestra miseria y necesidad, nos negamos también a aceptar la respuesta que Jesús tiene para nosotros. Los sanos no tienen necesidad de médico. Los libres no tienen necesidad de liberación. Si Jesús es médico y libertador, quien se niega a aceptar el hecho de que está enfermo o de que es esclavo, se niega también a aceptar al Médico y Libertador.

Vivimos en una sociedad donde se nos hace difícil admitir que tenemos problemas, pues tal admisión es señal de debilidad. Esto se ve en la misma iglesia, donde son muchas las personas que están preocupadas, por ejemplo, porque han perdido el empleo, pero que no se atreven a traer sus preocupaciones ante la congregación. De igual modo, hay muchas personas que piensan que para que se les acepte en la comunión de la iglesia no pueden dar a conocer sus debilidades, sus pecados o sus dudas. A veces la iglesia misma da a entender que es así.

De igual modo que aquellos judíos no podían ser verdaderamente libres hasta tanto no confesaran su esclavitud, nosotros tampoco podemos ser verdaderamente sanados hasta tanto no confesemos nuestra enfermedad ni verdaderamente libres hasta tanto no confesemos nuestra esclavitud. La verdad que nos hará libres tiene que comenzar por admitir quiénes somos de veras y cuán necesitados estamos. Confesar esa verdad es el primer paso para apartarnos del «padre de mentira» y acercarnos al Señor que es toda verdad, el único que puede hacernos verdaderamente libres (8:44).

Aquellos judíos vivían la mentira de que no eran esclavos, y esa mentira les apartó de la verdad que pudo haberles hecho libres. ¿Cuáles son las mentiras en las cuales vivimos hoy, y que nos apartan de la verdad?

ACTÚE: *Ore:* Dios nuestro y Padre de nuestro Señor Jesucristo, te doy gracias por tu verdad libertadora. Te doy gracias porque esa verdad la he encontrado en Jesucristo. Te pido que me ayudes a deshacerme de toda falsedad que se interponga entre mi vida y la libertad que Jesucristo ofrece. En su nombre te lo pido. Amén.

Cuarto día   *Lea* Juan 8:41-47

VEA: Continúa el mismo diálogo entre Jesús y este grupo de judíos. Es un diálogo que se torna cada vez más violento, pues los judíos insisten en que son hijos de Abraham, y Jesús insiste en lo contrario. Los judíos están molestos, pues piensan que Jesús les está acusando de ser hijos ilegítimos (8:41). Sin embargo, Jesús no se desvía de lo que está diciendo. Insiste en que sus interlocutores son hijos del diablo, y que lo que buscan cumplir son los deseos del diablo (8:44).

El pasaje termina con un breve discurso de Jesús en el cual establece el contraste entre los hijos del diablo y los de Dios. El primero es «padre de mentira» con lo que se implica que éstos a quienes Jesús llama sus hijos son mentirosos. Es porque son hijos del «padre de mentira» que estos judíos (que anteriormente habían creído en él) no creen lo que Jesús les dice. Si fueran de Dios, oirían las palabras de Dios y creerían a Jesús, a quien Dios ha enviado.

JUZGUE: Hace unos días vimos que hay una relación estrecha entre entender y creer, entre el entendimiento y la fe. Hoy vemos que hay también una relación semejante entre hacer y creer, entre la obediencia y la fe. Estos judíos no creen porque no quieren obedecer; y no obedecen, porque no creen.

Tenemos que percatarnos de que nosotros también corremos el mismo riesgo. Hay quien dice que, si tuviera pruebas incontrovertibles, entonces creería y obedecería. Pero lo cierto es que la principal razón por la cual dudamos es que no queremos obedecer. En tal caso, la incredulidad o falta de fe se nos vuelve una excusa para la desobediencia.

Veamos un ejemplo. Alguien me dijo hace unos días que, si de veras tuviera fe, dejaría su carrera actual y se dedicaría al ministerio ordenado. Esa persona ha recibido un llamado; pero no quiere obedecer, pues sabe que ello resultaría costoso. Se excusa diciendo que no tiene suficiente fe, que necesita más pruebas. Si se lanzara al camino que sabe debería seguir, las pruebas le serían dadas sobre la marcha.

En el caso de estos judíos que habían creído en Jesús, su falta de obediencia fue tal que a la postre se volvieron incrédulos, y Jesús acabó declarando que eran hijos del diablo, o del «padre de mentira». Cuidemos nosotros también, quienes hemos creído en Jesús, de que nuestra falta de obediencia no sea tal que a la postre le abandonemos y nos dediquemos a servir al «padre de mentira».

ACTÚE: *Ore:* Señor, quiero serte obediente ahora mismo, y por el resto de mis días. Ayúdame a serte fiel. Dame, no sólo fe, sino también obediencia; y no sólo obediencia, sino también fe. Toma mis pasos y dirige mi camino. Por Jesucristo, el único y verdadero Camino. Amén.

Quinto día   *Lea* Juan 8:48-59

VEA: Continúa el difícil diálogo entre Jesús y este grupo de judíos que inicialmente habían creído en él. Ahora los antiguos creyentes están completamente disgustados con lo que Jesús les dice, hasta el punto de tratar de insultarle llamándole samaritano y diciendo que tiene demonio—es decir, que está loco.

Es interesante notar que Jesús no responde al epíteto de «samaritano». Después de todo, los samaritanos no son sino otro pueblo, y por tanto darle tal título no es el insulto que los judíos se imaginan.

En cuanto a lo de tener demonio, lo niega rotundamente, declarando que lo que sucede es que él honra al Padre, y por ello estos hijos del «padre de mentira» no pueden honrarle a él. Jesús les declara que quien guarde su palabra no morirá jamás. Esto es nuevo motivo de escándalo para estos interlocutores de Jesús, quienes le señalan que hasta el propio Abraham murió, y que por tanto Jesús está proclamándose mayor que Abraham.

Es aquí que volvemos a la dimensión cósmica del modo en que el Evangelio de Juan presenta la vida y las enseñanzas de Jesús. Al igual que en Juan 1:1 se nos dice que el Verbo era desde el principio, y luego se añade que por él todas las cosas fueron hechas, ahora Jesús afirma su preexistencia desde mucho antes que Abraham.

El resultado es que estos antiguos creyentes ahora toman piedras para arrojárselas, quizá hasta para matarle, por blasfemo. Pero Jesús logró evadirles de algún modo y salir del templo.

JUZGUE: Un detalle de este pasaje que fácilmente se nos escapa es que, cuando estos judíos intentan insultar a Jesús llamándole «samaritano», Jesús ni siquiera se da por enterado. El hecho mismo de no responder a ese epíteto como si fuera un insulto nos da a entender que para Jesús no lo es. Quizá lo sea para estos judíos que se creen mejores que los samaritanos, pero Jesús sabe que tal no es el caso. Lo que es más, en una parábola famosa del Evangelio de Lucas, Jesús tomó a un samaritano como ejemplo para avergonzar a los líderes religiosos judíos.

En nuestra sociedad muchas veces se utilizan epítetos racistas o chauvinistas para insultarnos. El tomar tales epítetos por insultos da a entender que en realidad es malo pertenecer a tal o cual grupo, o que tal o cual grupo se define en realidad por quienes les ponen esos nombres peyorativos.

De igual modo que aquellos judíos recalcitrantes, al llamar a Jesús «samaritano», se estaban insultando más a sí mismos que a Jesús, así también, cuando alguien nos pone motes racistas derogatorios son esas personas quienes muestran su ignorancia y quizá hasta su inferioridad. En tales casos, más que ira, deben causarnos lástima. Lo que nos corresponde entonces no es responder con otros insultos, sino responder con la dignidad y el respeto que muestren que somos personas serias y dignas de respeto.

ACTÚE: Discuta con algún grupo en su iglesia o su comunidad cómo el racismo, el nacionalismo, el machismo, y toda otra clase de prejuicios, afectan nuestra sociedad, y cómo responder dignamente cuando se intente insultarnos por cualquiera de estas razones.

Sexto día *Lea* Juan 9:1-12

VEA: El episodio que estudiamos hoy se parece al que vimos hace algunos días sobre la curación del paralítico en el día de reposo. Mañana, cuando hayamos leído todo el capítulo, veremos que en este caso también el problema aparente es que Jesús sanó al ciego en el día de reposo. Decimos «aparente», porque la realidad es mucho más compleja: los jefes religiosos resienten la acción y autoridad de Jesús, y la única cosa que pueden objetar con cierta apariencia de legitimidad es la cuestión del día de reposo.

En este pasaje se nos dice que algunos le plantearon a Jesús la pregunta de por qué este hombre había nacido ciego. ¿Fue él quien pecó, o fueron sus padres? Jesús se niega a decir que la ceguera del hombre es castigo por un pecado, ya sea de él o de sus padres. Al contrario, Jesús cambia el tema. En lugar de tratar de la pregunta abstracta del porqué del sufrimiento humano, Jesús le da respuesta concreta al sufrimiento del hombre nacido ciego.

Sigue la discusión entre los vecinos y los que conocían al ciego, sobre si de veras fue sanado, quién le sanó, y cuándo. Está claro que los que plantean estas preguntas no quieren creer. Algunos se niegan a aceptar que el hombre que tienen delante de sí sea el mismo ciego de nacimiento a quien conocían de antes. Pero el hombre da testimonio firme de lo sucedido, y dice que fue Jesús quien le dijo que fuera y se lavara en el estanque de Siloé, y que cuando siguió esas instrucciones fue sanado.

JUZGUE: Hay en este pasaje muchas cosas que podríamos considerar. Entre otras, es aquí que vuelve a aparecer la famosa frase de Jesús, diciendo que él es la luz del mundo. Sobre esto volveremos mañana.

Por lo pronto, considere el contraste entre la pregunta de los discípulos acerca del ciego, y la respuesta de Jesús. Los discípulos piden explicaciones acerca de la razón del mal. Jesús no les da respuestas teóricas ni les explica la razón del mal, sino que responde a la necesidad del ciego.

Esto debe servirnos de lección. Ante la realidad del mal, es natural que tratemos de buscarle causas y razones. ¿Por qué este hombre es ciego de nacimiento? ¿Por qué esa niña fue atropellada por un auto? ¿Por qué mueren de hambre tantos niños? No podemos dejar de plantear tales preguntas. En algunos casos tienen respuesta. Por ejemplo, si en un país mueren de hambre los niños, posiblemente se deba a que hay acaparadores y explotadores que se enriquecen a base de la mala distribución de los alimentos. Pero en muchos casos no tienen respuesta, y es mejor no tratar de dársela.

Por ejemplo, si decimos que el ciego de nacimiento lo es por algún pecado de sus padres, les estamos culpando a ellos por la condición de su hijo. En tales casos, es mejor callar, como lo hace Jesús en el caso que estudiamos hoy.

Pero, si bien no podemos encontrar respuesta teórica que explique la razón del mal, sí podemos tratar de hacer algo para subsanarlo. En el pasaje de hoy Jesús le devuelve la vista al ciego. En el caso de una madre que pierde a su hija en un accidente automovilístico, podemos tratar de consolarla.

Lo que no debemos hacer es usar las preguntas teóricas para dejar de responder a la necesidad concreta. Una larga discusión teológica acerca de por qué el hombre era ciego de nacimiento en nada hubiera ayudado al ciego. Una disquisición acerca del origen del mal, además de no explicar nada, bien puede ser una excusa para no enfrentarnos a ese mal.

ACTÚE: Examine la vida de su comunidad. Centre su atención sobre algún mal o sufrimiento. Éste puede ser un sufrimiento personal, como el de alguien que ha perdido a un ser querido o un sufrimiento comunitario, como la falta de agua corriente en algún barrio o la mala calidad de las escuelas. Haga una lista de tales males en su cuaderno de reflexiones. Resuelva enfrentarse al menos a uno de ellos en el transcurso de esta semana. Hable con otras personas al respecto. Anote sus reflexiones y sus resultados.

Séptimo día   *Lea* Juan 9:13-41

VEA: Las mismas personas que se preguntaban acerca de la realidad del milagro llevan ahora al ciego ante los fariseos. Una vez más el hombre da testimonio de lo sucedido. Ante ese testimonio el parecer de los fariseos se divide, pues unos dicen que lo que Jesús hace no puede ser de Dios, ya que ha violado la ley del día de reposo, mientras otros dicen que el milagro mismo prueba que Jesús sí viene de Dios. Entonces tratan de probar que no ha habido tal milagro, llamando a los padres del hombre y pidiéndoles explicaciones. Éstos responden que es cierto que el hombre fue ciego de nacimiento, pero que en cuanto a cómo fue sanado, ellos no lo saben. En todo caso, su hijo es un hombre hecho y derecho, quien puede hablar por sí mismo. (Aquí Juan nos explica que los padres del hombre no querían testificar, pues temían ser expulsados de la sinagoga.)

Vuelven entonces a llamar al que había sido ciego, y le declaran que Jesús es un pecador que no puede haber hecho tal milagro. El ciego responde que no sabe si Jesús es pecador o no, pero que sí sabe que antes era ciego y ahora puede ver. Ellos insisten en cuestionarle acerca de Jesús, y él les pregunta, con cierta ironía, si su curiosidad se debe a que quieren hacerse discípulos de Jesús.

El diálogo se vuelve cada vez más virulento. Ahora los fariseos acusan al hombre de ser discípulo de Jesús, mientras que ellos son discípulos de Moisés. Acerca de Moisés sí saben, pero no acerca de Jesús. A lo que el hombre responde, cada vez con mayor ironía, que es extraño que ellos, que se supone sean sabios, no sepan de dónde es Jesús, quien le ha sanado. Continúa diciéndoles que, puesto que Dios no escucha a los pecadores, y Jesús ha hecho un milagro nunca antes visto, ciertamente Jesús ha de ser de Dios.

Los fariseos vuelven ahora sobre la idea de que el hombre era ciego de nacimiento por algún pecado, y le dicen: «Tú naciste del todo en pecado, ¿y nos ensenas a nosotros?» Por fin le echan fuera.

Entonces Jesús busca al hombre que ha sido expulsado y se le revela como Hijo de Dios. El hombre le adora. Jesús comenta que su propia venida es para juicio, de modo que los ciegos vean, y los que tienen vista sean cegados. Esto se les aplica directamente a algunos de los fariseos, quienes le preguntan si ellos también son ciegos. La respuesta de Jesús es que mejor les fuera ser ciegos, pues quien no ve no es responsable de su pecado. Pero estos fariseos, precisamente porque ven y saben lo que Dios requiere, son responsables de su pecado.

JUZGUE: Hay mucho que podría decirse sobre este pasaje. Empero, puesto que todo el capítulo se construye alrededor del tema de ver y no ver, y Jesús se presenta en él como «luz del mundo», conviene que reflexionemos sobre ese tema.

«Jesús es la luz del mundo.» Éstas son palabras que conocemos de memoria y hasta cantamos en algunos de nuestros himnos. Pero veamos qué es lo que quiere decir ser luz. Al afirmar que Jesús es la luz del mundo, queremos decir al menos dos cosas: La primera es que Jesús es guía que hemos de seguir. La imagen que se aplica entonces es la del faro a orillas del mar. Los barcos que se acercan a la costa, y que buscan puerto seguro, se guían por la luz del faro para evitar los escollos y entrar al puerto. El caminante que viaja de noche y ve una luz en el horizonte sabe que allí hay una casa o albergue donde posiblemente podrá encontrar abrigo.

Cuando decimos que Jesús es la luz del mundo en ese sentido, lo que estamos diciendo es que para todo el mundo Jesús es guía que lleva al puerto seguro o al destino para el cual hemos sido creados. Esto es importante. La vida cristiana es vida en seguimiento de Jesús, utilizándole a él de guía (como el faro) para que nos muestre los escollos y nos dirija al destino final (como la luz que el caminante ve en la noche). Decir que Jesús es nuestra luz es decir que estamos dispuestos a seguirle, a ir donde él nos indique, seguros de que no hay guía más seguro que Jesús.

Pero hay otro sentido en el que Jesús es la luz del mundo. La luz es lo que nos permite ver algo tal cual es. Cuando éramos niños, todos teníamos la experiencia de haber visto en la noche algo que nos asustó. Quizá estábamos en la cama, tratando de dormir, cuando vimos una sombra que nos pareció ser un monstruo o una persona extraña en nuestra habitación. Cuando, tras mucho temor, nos atrevimos a encender la luz, vimos que se trataba, no de un monstruo ni de algún extraño, sino de algo perfectamente normal—quizá una ropa amontonada sobre una silla con un sombrero encima, o algo parecido. La luz nos hace ver las cosas tal como son. También en ese sentido Jesús es la luz del mundo. Jesús nos hace ver el mundo tal como es. Sin Jesús, cuando miramos al mundo lo que vemos son imágenes distorsionadas.

El problema de los fariseos en el pasaje de hoy es que quieren ver el mundo de un modo que no concuerda con el que Jesús hace ver. Ellos ven a un ciego, y no ven en él sino un problema teológico: ¿Quién pecó? ¿él o sus padres? ¿Fue sanado por Dios o por fuerzas del demonio? Jesús ve en el ciego a un hijo de Dios en necesidad, y responde a esa necesidad. Detrás del milagro, los fariseos ven al hombre nacido ciego como un problema que no se ajusta a sus conveniencias ni a sus presuposiciones religiosas. Jesús ve en el ciego a un ser humano en necesidad de salvación.

Pero hay más. Como luz del mundo, Jesús también manifiesta el verdadero carácter de estos fariseos. Lo manifiesta de tal modo que los fariseos le preguntan si esto quiere decir que son ciegos, y Jesús les contesta que no lo son, pues si fueran ciegos tendrían excusa, y en realidad no la tienen. Tienen las Escrituras. En ellas, y a través de la historia de Israel, tienen el modo de ver al mundo bajo la luz de Dios, pero se niegan a hacerlo. La luz del mundo no sólo nos muestra las cosas como son, sino que también pone de manifiesto nuestro propio pecado y nuestras excusas.

Si de veras creemos que Jesús es la luz del mundo, hemos de verlo todo bajo una luz distinta de la que utilizan quienes no conocen a Jesús. Sin la luz de Jesús, tal parece que los seres humanos que nos rodean no son sino obstáculos u oportunidades en nuestro camino. Tal parece que el mundo es un problema y que lo que tenemos que hacer es conquistarlo. La vida no es sino una larga carrera contra el resto de la humanidad, en la que lo importante es salir adelante. Visto bajo la luz de Jesús, todo es diferente. Quienes nos rodean son hijos e hijas de Dios a quienes Dios ama tanto como a nosotros, por muy pecadores que nos parezcan. El mundo y la naturaleza son creación de Dios que tenemos que respetar como a Dios mismo. La vida es una oportunidad de servir a quienes pasan por ella junto a nosotros.

ACTÚE: Hágase el propósito, durante el día de hoy, de tratar de mirar todo lo que vea bajo la luz de Jesús. Si ve una persona, imagínese que Jesús es una linterna. Ilumínela con esa luz, y la verá de modo diferente. Si se enfrenta a un problema en su trabajo o en su hogar, haga lo mismo, y el problema resultará distinto. Anote sus reflexiones y experiencias.

PARA EL ESTUDIO EN GRUPO: Traiga a la sesión de estudio una copia del diario de esta mañana. Pídale al grupo que haga el ejercicio que hemos señalado más arriba, en la sección «ACTÚE», pero que ahora les aplique la luz de Jesús a algunas de las noticias que aparecen en el diario. No se limite a la primera plana. Repita el ejercicio con distintas secciones del diario, tales como los deportes, la crónica social, la sección literaria, la sección sobre pasatiempos y entretenimiento.

Sexta semana

Primer día   *Lea* Juan 10:1-9

VEA: Aunque en la Biblia este pasaje le da inicio a un nuevo capítulo, en realidad es parte de la respuesta de Jesús a aquellos fariseos que le cuestionaban respecto al milagro de devolverle la vista al ciego. En todo este capítulo la imagen que prevalece es la del rebaño, el redil y el buen pastor. Pero el uso que Jesús hace de la imagen varía, y por ello el pasaje puede confundir.

En este primer pasaje, Jesús se presenta a sí mismo como el verdadero pastor que entra por la puerta del redil. En aquella sociedad en la que muchas personas se dedicaban a la crianza de ovejas, siempre había que estar alerta contra los enemigos que por diversas razones podrían atacar el rebaño. Algunos de éstos eran los lobos y otros animales. Contra ellos era que se construía el redil, con un vallado que protegiera a las ovejas de toda clase de bestia.

Pero otros de esos enemigos eran los ladrones. Algunos de ellos saltaban el vallado y se llevaban alguna ovejita que pudieran cargar fácilmente. Otras veces los ladrones saltaban el vallado, mataban una oveja, y se la llevaban para comer. Puesto que la puerta del redil normalmente se veía desde la casa o el campamento de los pastores, y estaba bien guardada, los ladrones entraban saltando la cerca.

Quizá el mejor recurso que tenían los pastores para defender sus ovejas, aparte del vallado del redil, eran las ovejas mismas. Si un ladrón saltaba el vallado, huían de él y hacían ruido. El pastor, en cambio, era bien recibido por las ovejas, que conocían su voz. Por tanto, el pastor podía sacarlas del redil, y las ovejas le seguían adonde él las llevara.

Jesús se compara a sí mismo con este buen pastor a quien las ovejas conocen porque son suyas.

JUZGUE: En cierto modo, este pasaje es la contraparte de Juan 1:11: «A lo suyo vino, y los suyos no le recibieron». Allí se decía que el Verbo por quien todas las cosas fueron hechas, y que por tanto es dueño de todo, fue rechazado por esas mismas criaturas que él hizo. Aquí Jesús dice que las ovejas son suyas, y porque son suyas le reconocen. Luego, los fariseos que se molestan porque el hombre que había sido ciego cree en Jesús, son los rebeldes, los que no reconocen a su amo—o quizá los ladrones y robadores que se hacen pasar por pastores, pero que no pueden engañar a las ovejas.

Es importante notar que Juan nos dice que los fariseos no entendían lo que Jesús les decía, no porque no estuviera suficientemente claro, sino porque estaba demasiado claro. No lo entendían porque no querían entenderlo.

Y lo mismo hacemos nosotros cuando alguna palabra del Señor no nos gusta. La entendemos tan claramente, que sabemos que no nos conviene, y entonces nos convencemos de que no la entendemos, y por tanto no tenemos que obedecerla.

Piense, por ejemplo, en lo que dice la Biblia sobre el uso del dinero o sobre el cuidado de los pobres y los extranjeros. ¿No está suficientemente claro? ¿Cómo es que decimos que no lo entendemos?

ACTÚE: *Ore* usando las dos primeras estrofas de un soneto de Lope de Vega, y medite sobre su sentido:

> Pastor que con tus silbos amorosos
> me despertaste del profundo sueño;
> tú, que hiciste cayado dese leño
> en que tiendes los brazos poderosos,
> Vuelve los ojos a mí piadosos,
> pues te confieso por mi amor y dueño,
> y la palabra de seguirte empeño
> tus dulces silbos y tus pies hermosos.

Segundo día *Lea* Juan 10:7-21

VEA: Ahora Jesús añade otra imagen, todavía dentro de un contexto pastoril, al decir que él es la puerta del redil (10:9). Utiliza esta imagen para decir dos cosas. La primera de ellas es que los maestros y profetas que no entran al redil por esa puerta no son verdaderos profetas o maestros, sino que son ladrones y robadores. También la utiliza para decir que, puesto que él es la puerta, no es sólo el pastor quien ha de entrar por la puerta, sino también las ovejas. Este último punto se ve claramente en el versículo 9: «el que por mí entrare, será salvo; y entrará, y saldrá, y hallará pastos».

En el versículo 10 la imagen vuelve a cambiar, y una vez más el contraste es entre el buen pastor, Jesús, que da su vida por las ovejas, y otras dos personas: el ladrón y el asalariado. El ladrón «no viene sino para hurtar y matar y destruir». En contraste con esto, Jesús viene «para que tengan vida, y para que la tengan en abundancia». El asalariado, por otra parte, no viene con el propósito de matar; pero cuando ve venir el lobo, huye, con el mismo resultado que si fuera ladrón, pues el lobo hace el mismo daño que el ladrón hubiera hecho.

A partir del versículo 14, Jesús deja a un lado las comparaciones con ladrones y con asalariados, y expone en forma positiva su propia función como el buen pastor. Jesús es el buen pastor, porque hay una relación estrecha entre él y las ovejas, de modo que se conocen mutuamente. Esa relación es semejante a la que existe entre Jesús y el Padre, quienes también se conocen íntimamente entre sí. Y es tan estrecha que Jesús, el buen pastor, pone su vida por las ovejas (no como el asalariado, que huye).

En el versículo 16, Jesús anuncia veladamente que su mensaje no es sólo para las ovejas de la casa de Israel, sino también para «otras ovejas que no son de este redil». Todas éstas, las ovejas de Israel y las ovejas de entre los gentiles, las unirá él, y «habrá un rebaño, y un pastor».

Jesús vuelve entonces sobre el hecho de que ha de dar su vida por sus ovejas, y que ha de hacerlo voluntariamente. Y anuncia también que, tras entregar su vida, la volverá a tomar; es decir, resucitará. Como antes, los que le escuchan siguen divididos, pues mientras unos afirmaban que Jesús era un endemoniado, otros apuntaban al milagro del ciego, y decían que tal cosa no era obra del demonio.

JUZGUE: Jesús habla de ladrones y de asalariados. En cierto modo, lo que dice es una acusación contra quienes le tomamos por pastor, pero no estamos dispuestos a seguirle como tal. Si nuestro pastor dio su vida por nuestros pecados, para que tuviéramos vida abundante, y estamos dispuestos a seguirle sólo en lo fácil, seguro y cómodo, ¿no somos como el asalariado, que cuida las ovejas mientras no hay peligro, pero no está dispuesto a dar su vida por las ovejas o por el dueño del rebaño?

Seguir a este pastor significa seguirle hasta la cruz. Significa seguirle, no sólo en los momentos de gozo cuando es fácil ser cristiano, sino también en los momentos duros cuando se hace difícil.

ACTÚE: El buen pastor da su vida por las ovejas. Jesús ha dado su vida por mí. ¡Y yo todavía me atrevo a no entregarle toda mi vida, tratando de guardar algún rincón para mí mismo! ¿Hace usted lo mismo? De ser así, repase en su mente esos rincones que no le ha entregado a Jesús. Confiese su pecado ante él. Termine su estudio volviendo a leer del soneto de Lope de Vega del estudio de ayer, y complételo como sigue:

> Oye, Pastor que por amores mueres,
> no te espante el rigor de mis pecados,
> pues tan amigo de rendidos eres;
> espera, pues, y escucha mis cuidados.
> Pero, ¿cómo te digo que me esperes,
> si estás para esperar los pies clavados?

Tercer día   *Lea* Juan 10:22-42

VEA: Era la fiesta de la dedicación, que se menciona únicamente esta vez en toda la Biblia. En esa fiesta, cuyo nombre judío hoy es *Hanukkah* y que se celebra alrededor de la Navidad, se celebraba la ocasión en que Judas Macabeo purificó y rededicó el templo y su altar, que Antíoco Epífanes había profanado.

Una vez más, los judíos—es decir, los líderes religiosos en Jerusalén—rodean a Jesús e insisten en que les diga si él es el Cristo, el Mesías. Jesús les contesta que se lo ha dicho de varias maneras, pero no quieren creerle. La razón de esto, dice Jesús, es que no son de sus ovejas (y, por implicación, tampoco de las ovejas del Padre). Ante tal respuesta, no debe sorprendernos el que tomaran piedras para apedrearle.

Jesús les pregunta por cuál de sus muchas buenas obras le apedrean, y ellos le contestan que le apedrean, no por sus buenas obras, sino porque ha blasfemado al hacerse igual a Dios.

Jesús les responde que sus mismas obras muestran que viene del Padre, y que por tanto, si no están dispuestos a creer en él por lo que él les dice, al menos deben creer a las obras.

Ante tal respuesta, se recrudece la enemistad de sus interlocutores, que una vez más tratan de prenderle. Pero Jesús les evade y cruza el Jordán. Allá, en el mismo desierto donde Juan predicó antes, vienen a él ahora las gentes, quienes ven que todo lo que Juan anunció acerca de Jesús se está cumpliendo, y por tanto creen.

JUZGUE: Volvemos al tema de la razón de la incredulidad. Estos líderes judíos le piden a Jesús que les diga abiertamente quién él es. Pero cuando Jesús se lo dice, no le creen, sino que procuran apedrearle o prenderle.

Lo mismo hacemos una y otra vez. Así, por ejemplo, decimos: «Si Dios me dijera bien claro qué es lo que debo hacer, sin lugar a dudas lo haría». Pero no nos engañemos. La mayoría de las veces ésas son excusas para no hacer lo que tenemos que hacer. Si esos líderes judíos hubieran creído en Jesús, habrían tenido que pagar un precio muy elevado. Por eso prefieren no creer. Pero tampoco quieren aparecer incrédulos o injustos, y por eso le piden a Jesús que les hable abiertamente. De igual modo, cuando decimos que haríamos tal o cual cosa si Dios nos lo dijera bien claro, probablemente ya sabemos, o al menos sospechamos, lo que Dios desea que hagamos, y estamos utilizando la falta de una seguridad absoluta para no hacerlo.

Un poema de Amado Nervo, que era uno de nuestros favoritos hace años entre los jóvenes de mi iglesia, decía: «Si tú me dices ven, todo lo dejo. . . Pero dímelo bien fuerte. . .» Ahora, pasados los años, veo que lo que estábamos diciendo al recitar ese poema era que sabíamos de sobra que el Señor nos estaba diciendo «ven», pero no queríamos obedecer. No queríamos darle al Señor la obediencia radical que sabíamos que él requería de nosotros, y nos escudábamos tras la supuesta falta de claridad.

ACTÚE: *Ore:* Señor, mil y mil veces me has llamado, y yo te he respondido a medias, diciéndome que si me llamabas más fuerte te respondería más cabalmente. Perdona la dureza de mi corazón. Acepta la ofrenda que ahora te hago de mi vida toda, y hazme cada día más obediente a tu llamado. Por Jesús, el Buen Pastor que me llama por nombre. Amén.

∽∾●∾∽

Cuarto día *Lea* Juan 11:1-16

VEA: Hoy y los próximos días estudiaremos la resurrección de Lázaro. Este pasaje prepara la escena para esa resurrección. Allí se nos cuenta cómo Lázaro enfermó, y sus hermanas María y Marta enviaron a avisarle a Jesús donde estaba, al otro lado del Jordán. Tras esperar dos días, Jesús decide ir a Betania, donde moran María, Marta y Lázaro. Ya sabe que Lázaro ha muerto, y así se lo da a entender a sus discípulos.

Pero la decisión no es fácil. En Judea los judíos procuraban apedrearle, y era por eso que Jesús había abandonado la región, y se había refugiado al otro lado del Jordán. Puesto que Betania estaba en Judea, muy cerca de Jerusalén, si Jesús iba a casa de sus amigos estaría arriesgándose a que le apedrearan y mataran. Es por eso que los discípulos tratan de convencerle de que no vaya a Betania.

A la postre, cuando Jesús insiste en visitar el hogar de sus tres amigos, los discípulos deciden ir con él. Note que quien invita a los otros a seguir a Jesús, aunque esto pudiera costarles la vida, es Tomás que después se haría famoso por sus dudas. Los personajes de la Biblia son mucho más complejos de lo que a menudo imaginamos.

JUZGUE: El tema que sobresale en este pasaje es el de la solidaridad. Jesús se solidariza con los tres hermanos. (Más adelante le veremos llorar la muerte de Lázaro.) Los discípulos, con Tomás como portavoz, deciden ir con Jesús a Judea, aunque saben que allí les espera peligro de muerte. En cierto modo, esto es reflejo de lo que hemos venido viendo en días anteriores, que Jesús ha de dar su vida por sus ovejas.

La solidaridad es un elemento importantísimo en la vida cristiana. Por eso es que Pablo dice que «si un miembro padece, todos los miembros se duelen con él, y si un miembro recibe honra, todos los miembros con él se gozan» (1 Corintios 12:26). Lo que es más, la misma frase «miembro de la iglesia», que hoy usamos casi sin pensarlo, viene de la idea de que la iglesia es un cuerpo, y cada persona no es sino un miembro del mismo. De ser así, el dolor de uno es el dolor de todos, y la alegría de uno es la alegría de todos.

Pero esta solidaridad ha de ir más allá de los meros sentimientos. Ha de manifestarse también en la acción. Cuando alguien tiene que enfrentarse a una situación difícil o peligrosa, es nuestra responsabilidad, como miembros del mismo cuerpo, acompañarlo en todo lo que nos sea posible. Es ese acompañamiento lo que hace que la iglesia sea verdaderamente un cuerpo.

ACTÚE: Piense en alguna persona que usted conozca que esté pasando por momentos difíciles. Puede ser alguien que perdió a un ser querido, o quedó desempleado, o tiene que tomar una decisión controversial o arriesgada. Aparte un rato para visitar a esa persona y solidarizarse con él o ella.

Quinto día *Lea* Juan 11:17-37

VEA: Cuando Jesús llega al hogar de Betania, hace ya cuatro días de la muerte de Lázaro. Poco antes de llegar, Marta le sale al encuentro. Marta es una mujer de fe (a pesar de que en Lucas 10 el Señor le dice que María escogió la mejor parte), y cree que, si Jesús hubiera estado allí, su hermano no habría muerto. Sigue un diálogo en el que Jesús le dice a Marta que su hermano ha de resucitar, y ella le contesta que sabe que, en el día postrero, Lázaro resucitará. Jesús le contesta que él es la resurrección y la vida, y que quien cree en él, aunque esté muerto, vivirá. Marta reafirma su fe en él.

Pero en todo este diálogo hay una hermosa ambigüedad, o mejor, un sentido doble: por una parte, se habla de la resurrección final, de la victoria final de Jesús sobre la muerte; pero por otra parte, se está preparando la escena para la resurrección de Lázaro, no al final, sino ahora. Poco después llega María, y se produce un diálogo semejante, aunque más breve.

Jesús se conmovió al ver a sus amigas María y Marta llorando, y al ver además a un buen número de otros visitantes también llorando. Se conmovió a tal punto que lloró.

La reacción de estos visitantes (naturalmente judíos, pues Betania estaba en Judea) fue doble. Por un lado, tomaron nota de la emoción de Jesús, y de su cariño hacia esta familia y en particular hacia Lázaro; por otra, se preguntaron por qué Jesús, que le había devuelto la vista a un ciego, no le devolvía la vida a Lázaro.

JUZGUE: La muerte es el horizonte de toda vida humana. Aunque no sepamos cómo ni cuándo, todos hemos de morir. Esta vida, con todas sus alegrías y sinsabores, ha de terminar. En cierto sentido, lo más terrible no es que nosotros mismos hemos de morir, sino que también morirán todas las personas que amamos.

Hasta el más tierno niño de brazos, cuya vida apenas comienza y probablemente se prolongará más que la nuestra, ha de morir. Y en ese proceso tendremos que enfrentarnos repetidamente al dolor de la separación, al vacío de la ausencia y hasta a las dudas acerca del sentido de la vida.

Era en esa situación que se encontraban Marta y María. Su hermano había muerto. Y no se crea que por tratarse de personas de fe no sentían el dolor y el vacío. Cuando Jesús llegó, hacía ya varios días que Lázaro había muerto, y a pesar de ello había en la casa varios amigos que trataban de consolar a las desdichadas mujeres.

En la Biblia, la muerte se toma muy en serio. No se nos dice que, porque tenemos fe, ya el dolor de la muerte ha pasado. Sí se nos dice que el poder final de la muerte ha pasado; pero no su dolor inmediato. Es por esto que Jesús se conmovió, y hasta lloró.

Pero, si la Biblia no nos dice que el dolor de la muerte ha pasado, sí nos dice que, por muy solos que parezcamos estar, Jesús está con nosotros en nuestro dolor. Este pasaje nos pinta un Jesús que siente y se preocupa por sus amigos. Muchas veces nos hacemos la idea de un Jesús que no siente ni sufre, que es casi como un fantasma que flota por los aires. Pero el Jesús del evangelio siente, se conmueve, llora, y toma muy en serio los sufrimientos de sus amigos, que son semejantes a los suyos.

En el dolor y en la muerte, como en la vida y la alegría, nunca estamos solos. Jesús está siempre a nuestro lado, sufriendo o alegrándose con nosotros. Y si ese Jesús se solidariza con nuestro sufrimiento, tenemos que solidarizarnos con los sufrimientos de los demás.

ACTÚE: Repase la acción que decidió tomar ayer, de mostrar solidaridad con alguna persona que se encontrara en una situación difícil ¿Lo hizo? Si no, asegúrese de hacerlo hoy. Haga de esto una práctica diaria.

Sexto día   *Lea* Juan 11:38-44

VEA: El pasaje de hoy es la culminación del capítulo. Como era costumbre entonces, el sepulcro de Lázaro es una cueva que ha sido sellada con una piedra. Jesús manda abrir el sepulcro, a lo que Marta objeta que Lázaro lleva ya cuatro días de muerto, y que por tanto el cuerpo tendrá mal olor. Pero Jesús insiste, y por fin abren el sepulcro. Es entonces que Jesús le da gracias al Padre por oírle (y dice también que pronuncia estas palabras en voz alta para que quienes están a su derredor le oigan y crean), y llama a Lázaro. Éste se levanta, cubierto todavía de las vendas en que habían envuelto el cuerpo. Jesús ordena que le desaten y le dejen ir.

JUZGUE: Resulta sorprendente que, tras una larga introducción, el milagro no ocupa más que unas pocas líneas. Esto se debe a que el propósito de todo el episodio es manifestar la gloria de Dios y el poder de Jesús sobre la muerte. Puesto que esto se ha dicho ya de varias maneras diferentes en los versículos anteriores, lo único que falta ahora es decir que, en efecto, Jesús levantó a Lázaro de entre los muertos. Confirmó todo lo que había dicho en los versículos anteriores acerca de sí mismo, de su relación con el Padre y de su poder sobre la muerte.

Por otra parte, sabemos que a la postre Lázaro volvió a morir. Su resurrección no fue la misma resurrección final de que hablaba Marta en su conversación con Jesús. Lázaro murió, resucitó y volvió a morir en espera de la resurrección final. ¿Qué importancia tiene entonces su resurrección? Sencillamente, que es indicación del modo en que todos los creyentes han de vivir: como quien ya dejó la muerte detrás—no porque no van a morir, sino porque Jesús es la resurrección y la vida, y en él tenemos vida y resurrección.

Imagínese la vida de Lázaro después de su muerte y resurrección. ¿Cree usted que pudo seguir viviendo como antes? Ciertamente no. A partir del momento que narra el Evangelio, vivirá como quien ya murió, y por tanto no tiene que temerle a la muerte. En cierto sentido, el tiempo que ahora tiene es como un bono, un regalo inesperado. Dos cosas cambiarán: la primera es que ya no le tendrá miedo a la muerte; la segunda, que sentirá una nueva libertad, como quien no tiene que afirmar su vida.

Si se me permite una experiencia personal, hace unos años tuve una experiencia que de algún modo puede compararse con la resurrección de Lázaro. Por tres horas estuve en un avión fuera de control, con la casi certidumbre de que todos moriríamos. En cierto modo, allí morí. Cuando por fin el avión logró aterrizar, y nos salvamos milagrosamente, fue como una resurrección. Desde entonces, todos estos otros años que he vivido son como un regalo extra. Ya no tengo que temerle a la muerte, pues ya una vez antes me apresté a morir, y Dios me devolvió la vida.

Lo que esa experiencia me enseñó es lo que todo creyente en Cristo debería saber: nuestra vida es un regalo de Dios de principio a fin. Podemos vivirla sin temor a la muerte, pues la muerte también quedará sujeta a nuestro Señor.

ACTÚE: Imagine que usted muere esta noche, y mañana resucita. ¿Cómo cree usted que esa experiencia cambiaría su vida? Anote sus reflexiones. Ahora considere lo siguiente: para quien cree en Cristo, es como si ya hubiéramos muerto y resucitado en él. Luego, lo que usted acaba de escribir bien podría ser el patrón para su vida actual. Anote sus reflexiones.

Séptimo día   *Lea* Juan 11:45-57

VEA: Este pasaje muestra que la resurrección de Lázaro, como el resto de las acciones y de la prédica de Jesús, tuvo un impacto político, y que fue ese impacto el que en fin de cuentas le llevó a la cruz.

Para entender este pasaje hay que recordar que los judíos estaban sometidos al gobierno romano. En muchos sentidos, el Imperio Romano era relativamente benigno para con sus súbditos. Siempre que se pagaran los tributos y se mantuviera el orden, que eran los dos elementos que más les interesaban a los romanos, los súbditos podían conservar cierto grado de autonomía.

Quizá ésta fuera una de las causas del éxito de aquel imperio. Hasta entonces, la mayoría de los grandes imperios habían tratado de imponerles a sus súbditos sus ideas, religión y costumbres. Pero el Imperio Romano se contentaba con el beneficio económico y político que sus posesiones pudieran acarrearle, sin ocuparse mucho de que todos siguieran la misma religión o las mismas costumbres.

En todo caso, los jefes de los judíos sabían que el Imperio Romano era suficientemente poderoso para aplastar a los judíos si osaban reclamar su independencia o si se creaba un desorden tal que peligraran el comercio y los tributos.

Por otra parte, entre el pueblo seguía existiendo un fuerte movimiento nacionalista cuyos exponentes más decididos eran los celotes, que creían que Dios les libraría del yugo romano.

Ese sentimiento popular era lo que les preocupaba a los líderes religiosos, quienes sabían que si aparecía un jefe que de algún modo acaudillara al pueblo, se produciría la rebelión. El resultado de la misma sería que el país dejaría de existir como nación, y que tanto el templo como la ciudad de Jerusalén fueran destruidos, lo cual sucedió en el año 70.

En cierto modo, el deseo por parte de esos líderes de silenciar a Jesús tenía motivaciones patrióticas. Puesto que en el pueblo de Israel lo patriótico siempre había estado unido a lo religioso, se puede decir también que sus motivaciones eran en realidad religiosas.

Naturalmente, una lectura, aunque sea rápida, de los Evangelios mostrará que ésa no era la única razón por la que los jefes religiosos deseaban deshacerse de Jesús. Su prédica acerca de la falsa religiosidad de los fariseos y de los doctores de la ley, sus frecuentes infracciones del día de reposo, y el modo en que exaltaba a quienes las gentes religiosas tenían por pecadores, se conjugaban para crear enemistad contra él.

En cierto sentido, esas dos motivaciones se confundían. Si la predicación y los milagros de Jesús les restaban prestigio y autoridad a los jefes religiosos, éstos temían aún más la posibilidad de que, si se creaba un tumulto, no pudieran hacer que el pueblo escuchara sus razones. No podrían evitar que se lanzara a la revuelta en pos de este predicador de Galilea, acerca de quien algunos empezaban a decir que era el Rey de los judíos. Por el bien del país y de la religión, había que destruirle.

JUZGUE: ¿Qué tiene que ver todo esto con nuestra situación? Ciertamente, nosotros no conspiramos contra Jesús por defender nuestra patria. Tampoco decimos que conviene que Jesús sea crucificado, porque su predicación nos moleste. Al parecer, nada tenemos en común con Caifás y los demás líderes de Judea.

Pero no nos declaremos inocentes tan fácilmente. ¿No hay veces en las que supeditamos el mensaje de Jesús a las conveniencias políticas? Como miembros de la iglesia, somos miembros del pueblo de Dios. Para nosotros, la iglesia puede jugar el papel que jugaba Israel para Caifás. ¿No hay veces en que colocamos la conveniencia o el prestigio de la iglesia por encima de las enseñanzas de Jesús?

Veamos un ejemplo. Todos sabemos que hay grandes problemas de hambre en diferentes partes del mundo. Como cristianos, nos sentimos obligados a actuar. Con eso en mente, empezamos a estudiar el problema del hambre mundial, para ver qué podemos hacer. Quizá lleguemos a la conclusión de que el hambre mundial se debe en parte a que en los países más ricos, como los Estados Unidos, Europa y otros, hay un alto consumo de azúcar, café, tabaco, flores importadas y otros productos cuyo valor alimenticio es poco o nulo.

Por ejemplo, para producir el azúcar que se consume en los países industrializados, es necesario dedicar amplias extensiones de terreno al cultivo de la caña en los países más pobres. Esto quiere decir que esos países pobres producen menos comida, y que se les arrebatan las tierras a los campesinos pobres. El resultado es que hay más personas que se ven en la necesidad de comprar productos alimenticios que antes producían, que muchos de esos productos ahora son importados y caros, y que por tanto el hambre aumenta.

La primera reacción de muchos cristianos al percatarse de esto es que debemos empezar una campaña, por ejemplo, para que se consuma menos azúcar. Además, tal campaña no será del todo impopular, pues los médicos nos dicen que el alto consumo de azúcar en los países industrializados es una amenaza a la salud.

Pero entonces descubrimos que uno de los modos en que el público consume más azúcar, casi sin darse cuenta de ello, es en los refrescos, y que uno de los refrescos que más se venden, y que más azúcar tienen, es producido por una compañía que a través de los años ha apoyado a la iglesia. Y descubrimos además que, al nivel nacional, nuestra denominación tiene grandes cantidades de acciones en esa compañía, y que si nuestra campaña llega a cobrar impulso, y el público empieza a consumir menos refrescos, serán muchos los poderosos, tanto dentro de nuestra denominación como fuera de ella, que se resentirán. En otras palabras, que si hacemos lo que la conciencia parece dictarnos, vamos a crearle problemas a la iglesia, y a crearnos problemas nosotros mismos.

¿Qué hacemos entonces? ¿No es cierto que ya Caifás y sus compañeros no nos parecen gentes tan despreciables, porque con demasiada frecuencia nosotros actuamos de manera semejante?

ACTÚE: Piense en una de las necesidades de su comunidad. Anótela en su cuaderno de reflexiones. Entonces escriba en su cuaderno: «En la comunidad existe este problema, y la iglesia debería _____.» (Complete usted la frase o escriba varias otras.) Si su iglesia está haciendo lo que usted acaba de escribir, anótelo y déle gracias a Dios. Si no, escriba lo que sigue: «Pero mi iglesia no lo hace porque _____.» (Una vez más, complete la frase.)

PARA EL ESTUDIO EN GRUPO: Escoja un problema o necesidad en su comunidad, y complete usted la primera oración que aparece en la sección «ACTÚE». Entonces pídale al grupo que complete la segunda.

Séptima semana

VEA: El pasaje de hoy se confunde a veces con otros episodios semejantes que se narran en los Evangelios. Aquí no se trata en modo alguno de una mujer particularmente pecadora, sino de María de Betania, amiga y anfitriona de Jesús y de sus discípulos.

En todo caso, lo que sucede está claro: María toma un perfume muy costoso y unge a Jesús con él. Ante ese derroche, Judas la critica, diciendo que hubiera sido mejor vender el perfume y darles el dinero a los pobres. Juan nos explica que no decía esto por una verdadera preocupación por los pobres, sino porque era él quien manejaba el dinero, y tomaba para sí de los fondos comunes. Luego, lo que Juan nos da a entender es que Judas pensó que, si todo ese dinero se le hubiera confiado para dárselo a los pobres, una buena cantidad pasaría a sus manos.

Por otra parte, el comentario de Judas cuando María derramó el perfume sobre Jesús, en el sentido de que hubiera sido mejor venderlo y darles el dinero a los pobres, era bien práctico. El propio Jesús había criticado a quienes empleaban grandes recursos en ostentaciones religiosas, pero no se ocupaban de los pobres y los oprimidos.

Donde Judas se equivocaba era en creer que todas las ocasiones han de medirse con el mismo espíritu práctico y calculador. Cuando todo se mide de ese modo, no podemos ver los momentos luminosos únicos que quieren una respuesta única.

En este caso, María quiere celebrar la presencia única de Jesús en su casa. Es buen momento para un derroche; y ella lo hace sinceramente y de todo corazón.

La respuesta de Jesús a las recriminaciones de Judas es importante. Lo que Jesús dice es que María le ha ungido para su muerte. Es un momento único, y por tanto el derroche se justifica. Y en todo caso, añade Jesús, los pobres siempre están ahí, mientras que Jesús no siempre estará presente.

JUZGUE: Desafortunadamente, estas últimas palabras de Jesús se han usado con demasiada frecuencia para desentenderse de los sufrimientos de los pobres. Así se dice, por ejemplo, que puesto que los pobres siempre han de estar ahí, el que haya pobres es parte de la voluntad de Dios, y no debemos hacer nada para combatir o contrarrestar su pobreza.

Pero lo que las palabras de Jesús significan es todo lo contrario. Mientras Jesús esta ahí, ante María, y preparándose para la muerte, es bueno hacer un derroche para honrarle a él. Y cuando él no está físicamente presente, los pobres están ahí precisamente para que hagamos en su beneficio y honor un derroche semejante al de María en presencia de Jesús.

Si, como dice Jesús en Mateo 25, cuando vestimos al desnudo le vestimos a él, y cuando alimentamos al hambriento le alimentamos a él, en presencia del hambriento y del desnudo tenemos que hacer un derroche semejante al de María en presencia de Jesús.

ACTÚE: Averigüe qué programas tiene su iglesia o denominación para ayudar a los pobres. Haga una ofrenda especial para ese programa en honor de Jesús y de los pobres.

Segundo día   *Lea* Juan 12:9-11

VEA: Este pasaje es breve. Jesús está todavía en el hogar en Betania, y vienen muchos judíos; es decir, personas de Judea, para verle a él, y para ver a Lázaro. Es fácil imaginar el revuelo que causaría la noticia de que en Betania había uno que, después de cuatro días de muerto, había vuelto a la vida. Luego, muchos venían por curiosidad. Pero otras personas creían al ver a Lázaro—y posiblemente al escuchar también su testimonio o el de sus hermanas, aunque el texto no dice nada al respecto.

Esto es lo que causa recelo entre «los principales sacerdotes», quienes deciden matar no sólo a Jesús, sino también a Lázaro. El Evangelio no nos dice si al fin llevaron a cabo ese propósito o no. (Sí hay una antigua leyenda que dice que sus enemigos lanzaron al mar a Lázaro y sus dos hermanas en una barca que apenas flotaba, pensando así darles muerte; pero los tres hermanos llegaron a Chipre, donde Lázaro llegó a ser obispo.)

JUZGUE: Estos tres versículos dan testimonio de la profundidad de la maldad humana. Los principales sacerdotes, quienes se supone sean quienes defienden la verdad y la justicia, se preparan a darle muerte a un hombre que no ha cometido más pecado que el de resucitar. Como vimos antes, justifican su acción a base de la difícil situación política de Judea, pues temen que si se corre la voz de que Jesús es el Mesías o el Rey de Israel, habrá una revuelta y Judea perderá la poca autonomía que los romanos le permiten tener.

Esta actitud de los principales sacerdotes nos sirve de advertencia. Es muy fácil, cuando queremos hacer algún mal, hallarle justificación, al punto de engañar hasta a nuestra propia conciencia. Los conquistadores europeos que mataron millones de nativos en estas tierras estaban convencidos de que lo hacían por el bien de la fe cristiana, aunque al mismo tiempo se llenaban los bolsillos. Los inquisidores que llevaron a tantas personas a las cárceles y las hogueras lo hacían por defender la integridad de la fe, aunque muchas de esas personas eran sus enemigos personales o se les confiscaban las propiedades para sostener a los inquisidores mismos. Hoy mismo hay quien pone bombas en clínicas donde se practica el aborto, y lo hace convencido de que con ello sirve a Dios, aunque también le dé rienda suelta a su odio e ira.

ACTÚE: Haga una lista mental de sus actuaciones durante cierto período (por ejemplo, la semana pasada). ¿Cuál fue el motivo de sus acciones? ¿Corre usted el peligro de justificar equivocadamente acciones o actitudes que no tienen justificación? Anote sus reflexiones.

Tercer día   *Lea* Juan 9:12-19

VEA: Llegamos ahora a la entrada triunfal de Jesús en Jerusalén. Según Juan ordena su relato, ya Jesús había estado en la ciudad santa varias veces, y había echado a los cambistas del templo. Ahora llevaba algún tiempo en Betania, adonde había ido para resucitar a Lázaro. Recuerde que hace unos días vimos que Jesús sabía que en Judea querían matarle, y por ello había abandonado la región. Ahora que ha vuelto, no se apresura a partir de nuevo, sino todo lo contrario. Lo que las multitudes gritan, «¡Hosanna!», quiere decir «salva». Aunque hoy en la iglesia se usa como palabra de alabanza, en realidad es una palabra de ruego. Si tomamos esto en consideración, se entiende mejor por qué la multitud que gritaba «¡Hosanna!» no se opuso a que le crucificaran. (Como veremos más adelante, en el Evangelio de Juan, no son todos los judíos, ni siquiera una multitud de ellos quienes gritan «¡Crucifícale!», sino sólo los líderes religiosos.) Lo que la multitud gritaba era una petición. Querían que Jesús restaurara el reino de David. Querían que les salvara de su sujeción a los romanos. Cuando Jesús no hace tal cosa, las multitudes no tienen por qué seguirle.

La principal razón por la cual las gentes gritan es que han oído de la resurrección de Lázaro. Quien tiene tal poder sobre la muerte seguramente tendrá el poder para restaurar el trono de David. Pero no todos se regocijan. Los fariseos, o al menos algunos de entre ellos, ven la entrada triunfal de Jesús en Jerusalén como una indicación más de que hay que tomar medidas drásticas.

JUZGUE: Las multitudes que gritan «¡Hosanna!» tienen fe. Son sinceras. El problema no es su falta de sinceridad ni su falta de fe. El problema es que entienden mal la fe. Quieren que Jesús les logre ciertas cosas—en este caso, aparentemente la libertad política. Si Jesús no se las da, se irán en busca de otro salvador en quien confiar y a quien pedirle lo que desean.

Desafortunadamente, mucha de la fe hoy en día es muy parecida. Hay quien cree porque piensa que Jesús puede sanarle de alguna enfermedad. Va entonces a una iglesia donde le dicen que sanan enfermos. Si no sana, va a otra iglesia. Si no, prueba otra diferente. Si, por último, le dicen que algún espiritista o curandero puede sanarle, se va tras esa persona.

La verdadera fe es mucho más que eso. De hecho, es muy difícil distinguir entre la verdadera fe y el amor. Quien ama a Dios y confía en él, sin ponerle reglas o exigencias, es quien tiene verdadera fe.

ACTÚE: *Ore:* Gracias, Señor, por tu presencia en mi vida. Sin ti, mi vida no sería lo que es. Por eso te doy gracias. Y no te pido otra cosa, sino que sigas presente en mi vida, y aumentes mi amor y mi fe en ti. Amén.

Cuarto día *Lea* Juan 12:20-26

VEA: Este episodio tiene lugar inmediatamente después de la entrada triunfal de Jesús en Jerusalén. Es de imaginarse que los discípulos estaban contentos y entusiasmados, pues por fin su Maestro recibía el reconocimiento de que era digno. Pero pronto las situaciones cambian, y Jesús empieza a hablar acerca del sufrimiento, muerte y resurrección que le esperan.

La ocasión surge cuando unos «griegos», que habían venido a Jerusalén para la fiesta de la pascua, mostraron interés en conocer a Jesús. Éstos son en realidad judíos de habla griega. En esa época, había muchos judíos que vivían fuera de Judea y que ya no hablaban hebreo ni arameo, sino griego (la lengua común de buena parte del Imperio Romano). Esos judíos de habla griega eran llamados «griegos» para distinguirlos de los «hebreos»; es decir, de los judíos de Palestina que continuaban hablando el idioma de sus antepasados. Luego, aunque eran «griegos» de habla, eran judíos de religión. Es por esto que habían venido a Jerusalén a celebrar la pascua.

Es debido a esa diferencia cultural que estos «griegos» se acercan a Felipe, quien era de Betsaida en Galilea, una región donde había muchos judíos «griegos». Es interesante notar que tanto Felipe como Andrés, el otro intermediario en esta ocasión, tienen nombres griegos. (Los nombres de los otros discípulos, como Simón, Jacobo y Juan, son de origen semítico.)

Cuando el Maestro supo que estos «griegos» preguntaban por él, declaró que era señal de que había llegado su hora. El pasaje no nos dice por qué; pero al parecer Jesús sabía que según su fama se extendiera, aumentarían el número y la saña de sus enemigos.

Jesús explica la necesidad de su muerte y resurrección con el ejemplo del grano de trigo que, al caer en la tierra y morir, da mucho fruto. Jesús añade que el camino de la cruz no es sólo para él, sino también para todos sus seguidores. Quienes quieran seguirle irán con Jesús por el camino que lleva al sufrimiento, a la cruz y por fin a la gloria.

JUZGUE: Estos griegos utilizaron a Felipe y a Andrés para acercarse a Jesús. Al parecer estos dos discípulos podían servir de puente porque venían de una región en donde abundaban los judíos griegos, y quizá hasta ellos mismos pertenecían a ese grupo.

Para llevarle el evangelio a un grupo cultural o lingüístico cualquiera, el mejor vehículo son otras personas de ese mismo grupo. ¿Qué piensa usted que significa esto para la comunidad de cultura latina e idioma español en los Estados Unidos? No será que tenemos una obligación especial de llevarles el evangelio a otras personas de nuestro mismo idioma y cultura? En tal caso, ¿no es importante que fortalezcamos las iglesias de habla hispana, aun cuando a nosotros ya no nos sea necesario adorar en español? Piense, por ejemplo, en los millones de nuevos inmigrantes, refugiados o estudiantes, cuya principal lengua es el español. ¿Qué estamos haciendo para acercarnos a esas personas?

ACTÚE: Si es usted metodista unido, consiga y lea el «Plan Nacional Hispano». Si pertenece a otra denominación, pregúntele a su pastora o pastor qué programas específicos tiene su denominación para alcanzar al pueblo hispano. Estudie esos planes y busque el modo de participar en ellos.

Quinto día   *Lea* Juan 12:27-36

VEA: Aunque Jesús está dispuesto a ofrecer su vida, esto no quiere decir que el dolor sea menos. Al contrario, Jesús declara que su alma está turbada, pero que a pesar de ello no ha de evitar el sufrimiento que le espera. Una voz del cielo confirma esa misión de Jesús. Sólo algunos la entienden; otros dicen que fue un trueno. Esta confirmación del cielo es semejante a la que tuvo lugar en el bautismo de Jesús. Aquí vemos lo que hemos dicho anteriormente, que el milagro no produce necesariamente la fe. En este caso, al tiempo que unos escuchan la voz, otros le dan una explicación natural: fue un trueno.

Jesús declara que la voz es un testimonio de Dios para que quienes la oigan puedan creer en él. Su propia venida es un juicio sobre el mundo. Con su venida, muerte y resurrección, «el príncipe de este mundo será echado fuera». El título «Hijo del Hombre» se le daba al ser celestial que se esperaba vendría para salvar a Israel. Es un modo en que Jesús a menudo se refiere a sí mismo en los Evangelios. No es, como a veces pensamos, una afirmación de la humanidad de Jesús en contraste con el título de «Hijo de Dios». Es más bien una afirmación de su procedencia celestial y su misión mesiánica.

Es por esto que quienes le escuchan no entienden cómo y por qué el Hijo del Hombre ha de sufrir. Pero Jesús insiste en ello.

Los últimos versículos reintroducen el tema de la luz que hemos visto anteriormente en el Evangelio de Juan. En este caso lo que Jesús dice es que, puesto que él es la luz, el momento en que él está presente es el tiempo de andar. Cuando Jesús ya no esté, será demasiado tarde, pues no habrá luz.

JUZGUE: La muerte y resurrección de Jesús no son episodios aislados. Al contrario, Jesús mismo indica que no es posible llegar a la resurrección con él sin antes morir con él. Como cristianos estamos llamados a dar nuestra vida. Vivimos en medio de una sociedad en la que cada cual busca lo suyo y busca salir adelante aun a costa de los demás. Vivimos en una sociedad que piensa que el éxito en la vida consiste en disfrutar lo más posible y sufrir lo menos que se pueda. No obstante, Jesús nos dice otra cosa. Hemos de buscar cada cual lo de todos, y especialmente lo de Dios; hemos de entregar nuestras vidas en servicio a los demás; hemos de vivir para morir con Cristo.

¿Qué señales ha dado usted hoy de que su vida le pertenece a Cristo y, por tanto, les pertenece a todos que la necesiten?

Por último, juntando este punto con lo que vimos ayer, debemos aplicarle el tema de la muerte y la resurrección a esa misma iglesia hispana que tanto amamos. El propósito de la iglesia no está en sí misma. La iglesia también tiene que estar dispuesta a dar su vida para encontrarla. El cristiano que centra su vida en sí mismo no es verdadero cristiano. La iglesia que centra su vida en sí misma no es verdaderamente iglesia de Cristo.

ACTÚE: Haga una lista de modos en que usted puede dar su vida en servicio a los demás. Haga otra lista de modos en los que su iglesia podría mostrar que está dispuesta a vivir para servir a la comunidad, y no para servirse a sí misma. Comparta esta última lista con su pastor o pastora, y con otros líderes y miembros de la iglesia.

Sexto día   *Lea* Juan 12:37-43

VEA: En este pasaje Juan nos ofrece un interludio. No nos dice una palabra acerca de algo que hiciera Jesús, quien al final del pasaje que estudiamos ayer fue y se ocultó. Nos habla, al contrario, de la reacción del pueblo y de sus jefes a la predicación y las obras de Jesús. En general, esa reacción es de incredulidad. Juan la explica como cumplimiento de las profecías de Isaías, quien habló de la incredulidad del pueblo.

Pero hay más. Algunos de los que creen, «aun de los gobernantes», no se atreven a confesarle por miedo a los fariseos, quienes les expulsarían de la sinagoga si se enteraban de que se habían hecho seguidores de Jesús. Es interesante notar que Juan les atribuye esa actitud, no a todos los judíos, sino a algunos de sus gobernantes; es decir, de entre las altas esferas de la sociedad. Para estas personas, el ser expulsadas de la sinagoga sería una gran afrenta. Por tanto, no se atrevían a confesar a Jesús, aunque en cierto sentido creían en él.

Esto lo explica Juan en el último versículo del pasaje: «porque amaban más la gloria de los hombres que la gloria de Dios». En otras palabras, para estas personas de importancia en la sociedad de Jerusalén, el ser echadas de la sinagoga era un precio demasiado alto para pagar por seguir a Jesús o creer en él.

JUZGUE: Lo que Juan dice aquí de los gobernantes en Jerusalén lo hemos visto frecuentemente en el día de hoy. Cuando, por ejemplo, una iglesia empieza su obra en una nueva ciudad o barrio, son pocas las personas de entre las capas más elevadas de la comunidad que se acercan a esa iglesia. Temen por su prestigio. Temen que se les asocie con las personas menos educadas, menos bien vestidas, menos distinguidas, que ellas. Si, por otra parte, llega una iglesia que puede darles prestigio, porque su edificio es elegante, porque sus miembros son mejor educados o más pudientes, o porque su pastor es persona respetada en la comunidad, entonces sí se unen a ella.

¿No será esta actitud semejante a la de aquellos gobernantes que no se atrevían a confesar a Jesús porque amaban más la gloria humana que la de Dios?

Pero no pensemos únicamente en otras personas. Pensemos en nosotros mismos. ¿Estamos dispuestos a invitar a nuestra iglesia a toda clase de gente, aunque no vistan como nosotros, no tengan lo que tenemos o no huelan como nosotros? Si no estamos dispuestos, ¿no será que nosotros también amamos más la gloria humana que la de Dios?

ACTÚE: Esta semana, hágase el propósito de invitar (o, mucho mejor, de traer personalmente) a su iglesia a alguna persona a quien el resto de la comunidad no aprecie o distinga. Siéntese con ella. Hágala sentirse bienvenida. Preséntesela a sus amistades.

⌒⌒●⌒⌒

Séptimo día   *Lea* Juan 12:44-50

VEA: Juan no nos dice cuándo ni dónde sucedió esto. Sencillamente declara que «Jesús clamó y dijo. . .» Esto nos da a entender que posiblemente Juan no se esté refiriendo a un episodio particular, sino a una respuesta general de Jesús a la incredulidad de algunos, y a la vacilación de otros en confesarle. En todo caso, lo que tenemos aquí es toda una serie de declaraciones de Jesús acerca de sí mismo.

Primero, el tema general de estas declaraciones es la relación entre Jesús y el Padre; segundo, las consecuencias que tienen el creer o el no creer en él.

En cuanto a su relación con el Padre, Jesús reafirma uno de los temas centrales de todo el Evangelio de Juan: su unidad con el Padre. Creer en él no es sólo creer en él, sino también creer en el Padre. (De lo cual se deduce, aunque Jesús no lo dice, que quien no cree en él tampoco cree en el Padre.) Lo que es más, esa relación es tan estrecha que quien ve a Jesús ve también al Padre.

Este tema de «ver» lleva al de la luz. Una vez más se afirma que Jesús es la luz del mundo. Lo que es más, Jesús no es sólo la luz del mundo, sino la luz misma, y ha venido al mundo para iluminar a quienes crean en él (para que «no permanezca en tinieblas»).

De aquí el discurso pasa a las consecuencias de creer o no creer en Jesús. En los versículos 47 y 48 Jesús declara que si alguien no cree en él, no es necesario que él le juzgue. Lo que le juzgará son las palabras mismas de Jesús que esa persona rechazó. Si Jesús es la verdad, y sus palabras son verdaderas, quien le rechaza y sus palabras de verdad, decide vivir en la mentira, y ello mismo le condena.

Por último, el discurso de Jesús completa el círculo, volviendo al tema de su relación con el Padre. La razón por la cual la palabra de Jesús es verdadera y poderosa es que viene del Padre. Luego, de igual modo que quien ha visto a Jesús ha visto al Padre, así también quien rechaza a Jesús rechaza al Padre.

JUZGUE: En todo este pasaje, Jesús habla en términos de alternativas sin términos medios. Es posible creer en él o no creer. Es posible andar en luz o permanecer en tinieblas. Lo que no es posible es un punto intermedio. No es posible creer en Jesús y no seguirle. No es posible seguirle a medias. No es posible creer en el Padre y no creer en Jesús. No es posible rechazarle y pretender que sus palabras no nos juzguen. No es posible aceptar algunas de sus palabras y no otras; algunos de sus mandamientos y no otros; algunos de sus reclamos y no otros.

En nuestra relación con Jesús, no hay más que dos palabras posibles: **sí** y **no**. Jesús pide un compromiso total. Luego, mientras nuestro compromiso sea parcial, mientras queden rincones de nuestra vida en los que no alumbre la luz de Jesús, no somos verdaderos discípulos suyos.

ACTÚE: Al terminar esta semana, hemos pasado el punto intermedio en nuestro estudio sobre el Evangelio de Juan. Luego, es buen momento para ver dónde estamos, hasta dónde hemos llegado y cuánto nos falta por andar.

En su cuaderno de reflexiones, haga una lista de diversas áreas de su vida, tales como el trabajo, la familia, la iglesia, el dinero, la política, la diversión o el estudio. Escríbalas en columna.

Considere ahora cada una de esas áreas por orden. ¿En cuáles de ellas su discipulado se ha desarrollado más? ¿En cuáles deja más que desear? Junto a estas últimas, haga unas notas indicando algunos modos en los que su discipulado podría ser más completo.

Termine su sesión de estudio con un período de oración, confesando sus pecados y pidiéndole al Señor que le santifique.

PARA EL ESTUDIO EN GRUPO: En este pasaje aparecen varios temas que son centrales en todo el Evangelio de Juan, tales como Jesús y el Padre; la luz y las tinieblas; el juicio; y Jesús, el Enviado del Padre.

Pídale al grupo que haga una lista de estos temas. Anótelos en la pizarra o en un papel grande. Entonces pídale al grupo que repase lo que recuerde sobre cómo y dónde aparecen estos mismos temas en otros lugares del Evangelio de Juan. Puesto que esto es mayormente repaso, dirija la atención del grupo hacia los capítulos que ya hemos estudiado. Pero permita también que se hagan referencias al resto del Evangelio, que estudiaremos en las semanas restantes.

Eddie Ross: *Jesús lava los pies del discípulo.*

Octava semana

Primer día   *Lea* Juan 13:1-9

VEA: Este episodio tiene lugar en la misma cena en que Jesús les anuncia a los discípulos la traición de Judas (que estudiaremos pasado mañana). En medio de la cena, Jesús se desviste, se ciñe con una toalla y comienza a lavarles los pies a sus discípulos. En aquellos tiempos de sandalias abiertas y caminos polvorientos, se acostumbraba darle la bienvenida y mostrar la importancia de algún huésped lavándole los pies. El caminante cansado, con los pies ardientes del calor del camino, encontraba alivio en ese acto. Usualmente era un siervo quien prestaba tal servicio. Si alguien no tenía siervos y llegaba un huésped importante, entonces el dueño de la casa era quien le lavaba los pies al huésped. En todo caso, el hecho de lavarle los pies a alguien se consideraba una acción tanto de hospitalidad como de servicio.

En este caso resulta extraño ver a Jesús lavándoles los pies a sus discípulos. Después de todo, él es el Maestro y ellos sus discípulos. Lo usual sería que ellos le lavaran los pies a él. Es por eso que Pedro se muestra incómodo con la situación y dice: «Señor, ¿tú me lavas los pies?» (13:6). Pedro está tan incómodo que llega hasta a negarse a permitir que Jesús le lave los pies. Jesús le responde: «Si no te lavare, no tendrás parte conmigo» (13:8). Es entonces que Pedro contesta que en ese caso quiere que Jesús le lave no sólo los pies, sino también las manos y la cabeza.

JUZGUE: Cuando Jesús les lava los pies a sus discípulos, esto es señal de dos cosas. Es señal ante todo de su humildad. Sobre esto volveremos mañana. Pero es también señal de su poder de quitar pecados, de lavar el corazón del ser humano. Es por esta segunda razón que Jesús le dice a Pedro que si no le lava, Pedro no podrá tener parte con Jesús.

La vida cristiana requiere pureza y dedicación. Dios no gusta de la inmundicia. Lo que no sea limpio, no puede presentarse ante el trono de Dios ni participar de la vida de Dios. Pero, gracias a Dios, no es cuestión de lavarnos a nosotros mismos. Jesús vino para lavarnos y nos ofrece un lavacro que nos purifica de toda nuestra inmundicia.

El problema está en que muchas veces, como Pedro, insistimos en lavarnos nosotros mismos. Sabemos que hemos pecado, y pensamos que lo que tenemos que hacer es castigarnos o esforzarnos por llevar una vida más pura o tratar de deshacer el mal que hicimos. Ciertamente, debemos tratar de llevar una vida pura y de deshacer cualquier mal que hayamos hecho. Pero eso no es lo que nos purifica. Quien nos purifica es Jesús. Pretender purificarnos por nuestra propia cuenta, por muy santo que parezca, no es sino un modo más de rechazar a Jesús. A la postre, como Pedro, tenemos que decirle: «Señor, no sólo mis pies, sino también las manos y la cabeza».

ACTÚE: *Ore:* Señor, tú sabes con cuánta frecuencia no me comporto con la pureza que tú deseas. También sabes con cuánta frecuencia me hago la idea de que puedo purificarme yo mismo. Perdóname mi impureza. Perdóname mi orgullo al tratar de purificarme por mis propios medios. ¡Lávame, Señor, y seré limpio! Amén.

Segundo día   *Lea* Juan 13:10-17

VEA: En todo este capítulo hay varias referencias a la traición de Judas, que se va a hacer más clara en el pasaje que estudiaremos mañana. En el de ayer, había una referencia de pasada en el versículo 2. Hoy, el pasaje empieza refiriéndose a lo mismo.

Pero la enseñanza central del pasaje se encuentra más adelante. Después de lavarles los pies a los discípulos, Jesús les pregunta: «¿Sabéis lo que os he hecho?» (13:12). Entonces les explica que si él, siendo el Maestro y el Señor, les ha lavado los pies a ellos, ellos han de hacer otro tanto entre sí. Puesto que «el siervo no es mayor que su señor», y el Señor les ha lavado los pies, ellos no han de negarse a hacer otro tanto. Pensar que lavarles los pies a otra persona es una acción humillante, y negarse a hacerlo, sería darse más importancia que su propio Señor, quien lavó los pies de ellos.

JUZGUE: Si en verdad somos siervos y seguidores del Señor que les lavó los pies a sus discípulos, también hemos de dedicarnos al servicio. No hemos de pensar que cierta forma de servicio es demasiado humillante, pues pensar tal cosa sería creernos mejores que nuestro Señor. Lo que es más, de igual modo que él les lavó los pies a los discípulos sin esperar que se lo pidieran, así también hemos de mirar a nuestro derredor y ver quién está en necesidad de algún servicio que pudiéramos prestarle.

Hasta aquí todo parece claro. El hecho es que se nos hace más fácil entender esta lección que aplicarla a nuestra propia vida. Todos sabemos que hemos de servir a los demás y que hemos de hacerlo con humildad. En la práctica la cosa no es tan sencilla. Si alguien cruza nuestro camino, ni nos detenemos a ver qué necesidad pueda tener, pues estamos demasiado ocupados. Si llegamos a ver su necesidad, fácilmente nos convencemos de que lo que estamos haciendo es más importante que lo que esa persona necesita.

En aquellos casos en que no sólo vemos la necesidad, sino que llegamos a responder a ella, esperamos que se nos dé crédito. Hasta cuando actuamos con humildad, muchas veces nos molestamos si las demás personas no reconocen nuestra humildad. Es decir, que hasta en la humildad somos orgullosos.

Es por eso que en el pasaje de ayer Jesús nos decía que tenemos necesidad de que él nos lave. El orgullo y el egoísmo están tan enraizados en nuestro propio ser, que no es sencillamente cuestión de decirnos, «a partir de ahora voy a ser humilde y servicial».

Todo esto es de una pieza. Nuestra falta de servicio a los demás, o nuestra vanagloria cuando prestamos tales servicios, son indicación de que todavía necesitamos que el Señor nos lave más. No es cuestión de decirnos que «somos orgullosos y egoístas, y por tanto nada podemos hacer». (Eso en sí no es sino otra excusa.) Es más bien cuestión de tratar de servir a los demás con un verdadero espíritu de humildad y sacrificio. Si al hacerlo vemos en nosotros orgullo y egoísmo, lo que hemos de hacer es seguir sirviendo al mismo tiempo que le pedimos al Señor que nos lave y purifique.

ACTÚE: Examine su propia vida y sus acciones durante la semana pasada y vea en qué formas ha servido a otras personas. ¿Las ha servido humildemente sin esperar recompensa o reconocimiento? ¿Cuál ha sido el motivo y el resultado de sus acciones? ¿Ha sentido la presencia del Señor, lavándole de su maldad?

Durante los próximos días, lleve un diario en el cual pueda anotar las acciones de servicio que ha prestado. Al final del día, colóquelo todo, y coloque su propia vida, a los pies del Señor.

Tercer día   *Lea* Juan 13:18-21

VEA: Nos encontramos todavía en la misma cena del Señor con sus discípulos. Lo que había insinuado antes, ahora lo dice claramente: uno de ellos le va a entregar. Para entender esto, hay que entender que sus enemigos habían decidido encarcelar y hacer ejecutar a Jesús, pero no se atrevían a arrestarle en un lugar demasiado público, por temor al tumulto. Luego, lo que querían era que alguien les condujera adonde estuviera Jesús en algún lugar apartado. Era a esto que Judas se comprometería.

Al oír las duras palabras de que uno de ellos iba a entregar a su Maestro, todos se conturbaron, y Pedro le hizo señas a Juan, que estaba junto a Jesús, para que le preguntara quién sería. Esto fue lo que Juan hizo, al parecer en voz baja, pues de otro modo el resto de la narración no se entiende.

Jesús le contestó que sería aquél a quien él diera el pan mojado. Cuando se lo dio a Judas, y le dijo «lo que vas a hacer, hazlo pronto» (13:27), los demás discípulos no supieron de qué se trataba, porque no habían escuchado la conversación entre Juan y Jesús. Puesto que Judas era quien tenía el dinero del grupo, al verle salir pensaron que iba a comprar algo para la fiesta o a darles alguna ayuda a los pobres.

JUZGUE: El nombre de Judas ha pasado a la historia como señal de ignominia. Tanto es así, que ese nombre, que antes fue el de varios de los más notables líderes de Israel, cayó en desuso, y hoy se utiliza únicamente como sinónimo de «traidor».

Lo que no recordamos es que Judas también había dejado su vida anterior para seguir a Jesús, y hasta ese momento le había seguido al parecer fielmente. Los demás discípulos parecen haber confiado en él lo suficiente como para entregarle la custodia del fondo común. Y a pesar de todo ello, Judas cayó y se volvió traidor.

Lo que esto quiere decir es que todo creyente, por mucho que se haya dedicado al Señor, tiene que estar alerta para no caer (véase 1 Corintios 10:12). No es cuestión de hablar mal de Judas, como si se tratara de una persona particularmente mala. Es cuestión más bien de ver en él lo que cualquiera de nosotros pudiera llegar a ser si no fuera por la gracia de Dios. Es cuestión de fortalecernos a cada paso para asegurarnos de que tal cosa no nos suceda. Es por eso que una disciplina de estudio bíblico y de oración es tan importante.

ACTÚE: *Ore:* Señor, tú sabes cuántas veces te he entregado, te he olvidado, no he dado testimonio de ti. Unas veces me dejé llevar por el temor, otras por la conveniencia, otras ni siquiera sé por qué. Pero el hecho es que es muy fácil negarte, y por eso te pido fuerzas y firmeza para dar testimonio claro y constante de todo lo que tú has hecho por mí. Por favor, Señor, no me dejes caer. Amén.

Cuarto día *Lea* Juan 13:31-35

VEA: Ahora que Judas ha salido, Jesús habla sobre el futuro, después de su muerte y resurrección. Ya no habla acerca de la traición, sino de lo que vendrá después. Aunque lo que está por delante es la crucifixión, Jesús habla de su glorificación. En otras palabras, la cruz es el camino que lleva a la resurrección y a la glorificación.

Pero esa misma glorificación de Jesús implica que ya no estará más con sus discípulos—al menos, no del modo físico y visible en que ha estado hasta entonces. Es por eso que empieza a prepararles para el día en que ya él no esté con ellos.

Como parte de esa preparación, les da lo que él llama «un mandamiento nuevo»: de amarse los unos a los otros. No es nuevo en el sentido de que sea algo inesperado, pues Jesús dijo que los dos mandamientos más grandes son los que se refieren al amor a Dios y el amor al prójimo. Es nuevo en el sentido de que los discípulos estarán en una nueva situación, y este mandamiento es guía para esa situación específica. Cuando el Señor ya no esté con ellos, los discípulos han de amarse entre sí del mismo modo en que Jesús les ha amado. Y ese amor será parte importante de su testimonio al mundo, pues viendo cómo se aman entre sí los discípulos, el mundo sabrá que verdaderamente son seguidores de Jesús.

JUZGUE: Cuando Jesús les anunció su partida a sus discípulos, la primera cosa que les mandó fue que se amasen unos a otros. Si nos llamamos discípulos de Jesús, este mandamiento también es para nosotros. Es como la primera cláusula de un testamento que el Señor nos ha dejado.

Sin embargo, es en este punto que con mayor frecuencia la iglesia cristiana no es fiel en su testimonio. Hay veces en que se dan en la iglesia peleas y divisiones peores que las que se dan en otros ámbitos. A veces nos peleamos por cosas sin importancia. Don Pedro dice que el comité debía tener cinco personas, pero doña Juana dice que con tres basta. Cada cual se aferra en su posición, y acaban peleando. José no saludó a Marta. Enrique ayudó a pintar el salón de actividades, y no le dieron las gracias. Por todas esas cosas, y por muchas más, nos peleamos. ¡Y nos sorprende el que el mundo no crea! ¿Qué podemos hacer en nuestra iglesia para fomentar y para practicar el amor mutuo?

ACTÚE: Anote sus reflexiones. Busque otras personas con la misma preocupación. Háganse el propósito de dar los pasos necesarios para que en la iglesia haya un ambiente de más amor.

Quinto día *Lea* Juan 13:36-38

VEA: La pregunta de Pedro es continuación de la conversación que vimos ayer. Jesús les acaba de anunciar a los discípulos que va a ir a donde ellos no pueden seguirle, y Pedro le pregunta dónde es que va. Jesús le contesta sin aclararle el misterio, insistiendo en que por lo pronto Pedro no puede seguirle, pero lo hará más tarde.

Al parecer Pedro se imagina que Jesús va a ir a algún lugar peligroso, quizá a enfrentarse con los poderosos de Jerusalén y a reclamar el Reino. Por eso insiste en seguirle, y hasta le ofrece sacrificar su vida por Jesús. Pero Jesús, quien conoce la naturaleza humana, le anuncia que este valor y entusiasmo no durarán mucho, pues antes que cante el gallo (es decir, antes del amanecer) Pedro le habrá negado tres veces.

JUZGUE: El pasaje es breve, pero bien merece que nos detengamos a reflexionar sobre él. Hace dos días estudiamos la traición de Judas, y nos hicimos la advertencia de no creernos demasiado fuertes o firmes, pues el mismo Judas parece haber sido buen discípulo por algún tiempo. Pero, a pesar de haber dicho esto, posiblemente seguimos pensando, allá en nuestro fuero interno, que somos mejores que Judas. Nosotros jamás haríamos tal cosa como hizo él. Sabemos que Jesús es el Señor de la vida y la muerte, y por tanto no le negaremos aunque sea a costa de nuestra propia vida. Con tales razonamientos, nos desentendemos de la advertencia que debería ser el caso de Judas.

Sin embargo, las cosas cambian cuando nos topamos con el caso de Pedro, quien es uno de los primeros discípulos. Es tan firme que Jesús le ha puesto por apodo «roca» o «piedra». Pedro ha sido uno de los discípulos más cercanos de Jesús desde los comienzos mismos del ministerio del Maestro. Pedro dejó su barca y le siguió. Jesús estuvo en casa de Pedro y sanó a su suegra. Pedro caminó sobre el mar gracias a Jesús. Pedro es en muchos aspectos un ejemplo digno de imitar. Pedro es todo lo contrario de Judas. Pedro es como yo quisiera ser.

Al parecer, ésa es también la opinión que Pedro tiene de sí mismo. Él sí está dispuesto a seguir a Jesús hasta la muerte. Él sí puede ir adonde Jesús va, por muy peligroso y lejano que sea el lugar.

El pasaje de hoy es entonces el comienzo de un gran desengaño. Pedro se engañaba acerca de su firmeza y fidelidad, y Jesús le anuncia que se va a desengañar. Nosotros nos engañamos también respecto a nuestra firmeza y fidelidad, y Pedro es la advertencia de que no nos imaginemos que somos tan diferentes de Judas. Si Judas traicionó a Jesús, Pedro le negó. Quizá no lleguemos a traicionar al Señor; pero, ¿a negarle?

ACTÚE: *Ore* con palabras semejantes a las que usamos al estudiar el caso de Judas: Señor, tú sabes cuántas veces te he negado, te he olvidado, no he dado testimonio de ti. Unas veces me dejé llevar por el temor, otras por la conveniencia, otras ni siquiera sé por qué. Pero el hecho es que es muy fácil negarte, y por eso te pido fuerzas y firmeza para dar testimonio claro y constante de todo lo que tú has hecho por mí. Por favor, Señor, no me dejes caer. Amén.

～◆～

Sexto día   *Lea* Juan 14:1-6

VEA: El pasaje de hoy tiene lugar en el contexto de la cena de Jesús con sus discípulos. El Señor continúa preparándoles para su partida, y por tanto les dice que no deben turbarse, sino que han de saber que él va delante de ellos para prepararles lugar en la casa del Padre. En todo caso, su ausencia no será permanente, pues volverá a buscar a sus discípulos y llevarles consigo adonde él ha de estar.

Aquí aparece una frase que nos sorprende tras la conversación anterior, cuando Pedro dio muestras de no saber a qué lugar era que Jesús se preparaba para ir. Jesús, como si no se hubiera percatado de la confusión que Pedro había expresado, les dice: «Y sabéis a dónde voy, y sabéis el camino» (14:4).

Esto parece causarle gran consternación a Tomás. Quien no sabe acerca de Tomás otra cosa, sabe al menos que dudó, y que declaró que no estaba dispuesto a creer hasta tanto no metiera los dedos en las heridas del Maestro. Pero lo que muchas veces olvidamos es que ésa no es toda la historia. Ya vimos antes cómo, cuando los discípulos se percataron de que el camino que Jesús seguía era peligroso, y que regresar a Judea podía costarle la vida, fue Tomás quien les dijo a los demás que, si tal era el camino que Jesús escogía, debían seguirle para morir con él.

En todo caso, ahora es Tomás quien expresa lo que parece haber sido la confusión al menos de varios de ellos: «Señor, no sabemos a dónde vas; ¿cómo, pues, podemos saber el camino?». Es en respuesta a esa pregunta que Jesús pronuncia una de las más conocidas frases del Evangelio: «Yo soy el camino, y la verdad, y la vida; nadie viene al Padre sino por mí» (14:6).

JUZGUE: Mañana volveremos sobre otros aspectos de este pasaje. Hoy sería bueno que pensáramos un poco acerca de Tomás y su actitud. Tomás nos muestra algo que muchas veces olvidamos. Hacer preguntas, no entender exactamente de qué se trata la fe, y hasta dudar, no son motivo para que nuestro Señor nos abandone. Al contrario, muchas veces esas preguntas y esas dudas llevan a grandes descubrimientos, y a una fe gozosa, como en el caso de Tomás.

Con demasiada frecuencia en la iglesia pensamos que quien no tiene o no hace preguntas es mejor cristiano. Es cierto que continuar haciendo preguntas ociosas y curiosas de nada sirve, y hasta puede ser una excusa para no hacer lo que sabemos es nuestro deber.

También es cierto que quien no hace preguntas no aprende. Si no nos preguntamos qué quiere Dios de nosotros ahora, o qué sentido tiene tal o cual doctrina, o qué quiere decir éste o aquel pasaje bíblico, no creceremos en la fe, y no le daremos oportunidad a Dios para llevarnos a la madurez que él desea que sus hijos e hijas alcancen.

ACTÚE: Escriba lo siguiente en su cuaderno:
«Cuando tenga alguna duda sobre algo, preguntaré. Y cuando otra persona tenga alguna pregunta, la tomaré en serio.»

Luego, piense sobre lo que ha escrito. Dentro de una semana, vuelva a leer lo que ha escrito, para ver si lo ha cumplido.

Séptimo día   *Lea* Juan 14:7-14

VEA: Ayer vimos la pregunta de Tomás acerca de adónde iba Jesús y cuál era el camino, así como la famosa respuesta de Jesús. Pero esa respuesta no es suficiente, y ahora que Tomás se ha atrevido a preguntar, es Felipe quien sigue cuestionando al decir: «Señor, muéstranos al Padre y nos basta» (14:8). Si Jesús es el camino, Felipe quiere saber adónde conduce ese camino. Felipe es el mismo discípulo natural de Betsaida a quien se acercaron los griegos en el pasaje que estudiamos la semana pasada. El Evangelio de Juan parece prestarle especial atención. En vista de que Felipe fue uno de los primeros en creer en Jesús, su ruego en esta ocasión no ha de interpretarse necesariamente como señal de duda, sino más bien como una petición sincera de que Jesús le muestre adónde va, para poder seguirle.

Si Jesús es el camino que lleva al Padre, Felipe quiere que le muestre al Padre. La respuesta de Jesús es que quien le ha visto a él ha visto al Padre, pues «yo soy en el Padre, y el Padre en mí» (14:10). Creer en Jesús implica creer esto, que en él los discípulos han visto al Padre. Además, tienen todas las obras que Jesús ha hecho y que ellos han visto, las cuales son señal de que viene del Padre y representa al Padre.

Esto, a su vez, lleva a Jesús a prometerles a los discípulos que ellos también podrán hacer obras como las que él hace, y hasta mayores, pues el Padre les concederá todo lo que le pidan en nombre de Jesús. Este pasaje en que nos promete vida eterna y compañía en el entretanto, termina con la siguiente promesa:

«Si algo pidiereis en mi nombre, yo lo haré» (14:14).

Para entender esto, hay que notar que en el versículo 10 Jesús empieza hablando de «palabras» y termina hablando de «obras», sin que al parecer haya transición alguna. Lo que sucede es que en el pensamiento bíblico, cuando hay autenticidad, la palabra y la obra son la misma cosa. Cuando Dios habla, lo que Dios pronuncia y lo que hace es todo de una pieza. Cuando Jesús actúa, Dios habla a través de sus hechos. Esto es parte de lo que significa la referencia al «nombre» en el versículo 13. El «nombre» no es sólo un sonido, sino que es la persona misma (razón por la cual estaba prohibido tomar el nombre de Dios en vano). Pedir algo «en el nombre de Jesús» no quiere decir sencillamente pronunciar ese nombre, sino que quiere decir pedir algo en Jesús mismo, pedirlo de tal modo que sea él mismo quien lo pida. Y lo que Jesús promete es que todo cuanto los discípulos así pidan les será concedido.

JUZGUE: Este pasaje, junto con el que estudiamos ayer, es palabra de promesa para los discípulos, que han de quedar solos. En él, Jesús les promete dos cosas. En primer lugar, les promete que si se va no es porque les haya abandonado, sino que va al Padre para prepararles lugar. No se desentiende de nosotros, sino que va a ocuparse de nuestros intereses. Además, nos promete que mientras esperamos que él regrese, tampoco nos dejará solos.

Este pasaje, y otros que tratan sobre el mismo tema, son de especial valor para nosotros, pues, al igual que aquellos discípulos cuando se cumplió lo que Jesús les dijo, estamos en ese tiempo entre la resurrección y la consumación final. No podemos verle en la carne como le vieron los primeros discípulos antes de su ascensión. Por esto, a veces nos sentimos solos y abandonados.

Sin embargo, lo cierto es todo lo contrario. No se trata de que estemos solos, sino de que tenemos, junto al Padre, al Señor que de tal manera nos amó que dio su propia vida por nosotros. No es que estemos abandonados, sino que tenemos un Amigo junto al trono celestial.

Esto es lo que quiere decir el resto del pasaje, en el que Jesús promete que él hará todo cuanto le pidamos al Padre en su nombre. El mismo poder que él manifestó cuando estaba con nosotros en la carne sigue todavía presente y disponible para quienes le siguen.

A veces se nos hace difícil creerlo. Otras veces nos hacemos la idea de que Jesús nos ha dado un cheque en blanco para pedir lo que nos parezca. Cuando tratamos de cobrar ese cheque, y lo que deseamos no sucede, entonces comenzamos a dudar o nos desanimamos. Lo que hay que recordar es que la promesa se refiere únicamente a lo que pidamos *en su nombre*. No es un cheque en blanco. Es una promesa que también requiere que pidamos *en su nombre*.

Esto no quiere decir sencillamente terminar nuestras oraciones con la fórmula «en el nombre de Cristo Jesús, nuestro Señor, Amén». Quiere decir que lo que pidamos ha de conformarse a quién y cómo es Jesús. El nombre de Jesús no es un amuleto, una especie de «abracadabra» cristiano, de modo que quien lo pronuncie ya tiene un poder mágico para hacer lo que le parezca. El nombre de Jesús no es otra cosa que la voluntad misma de Jesús.

Pedir «en su nombre» quiere decir pedir conforme a su voluntad. Cuando nuestra voluntad se ajusta a la de él, no debemos dudar ni por un instante que lo que pedimos nos será concedido. Lo que sucede es que muchas veces pedimos en otro nombre, aunque usemos el nombre de Jesús. Pedimos un milagro para que los demás vean el poder de nuestra oración. Pedimos un milagro porque queremos algo para nosotros mismos. O pedimos porque queremos evitarnos algún trabajo, alguna dificultad o algún sufrimiento. Queremos que se nos quite una enfermedad o que un ser querido sane. Eso está bien; pero lo que tenemos que hacer es pedir también que nuestra voluntad se ajuste a la del Señor.

Poco antes de ser entregado, Cristo mismo nos dio ejemplo de esto cuando oraba pidiéndole al Padre que pasara de él el cáliz amargo de la cruz, pero pidiéndole también que se hiciera, no su voluntad, sino la del Padre. Si oramos de ese modo, como Jesús bien dice, las obras que él hizo también nosotros las haremos.

ACTÚE: *Ore:* Señor, enséñame a orar con fe y con obediencia. Con fe, sabiendo que la oración es poderosa, y que tú me escuchas y respondes en amor. Con obediencia, para que mis deseos sean conformes a tu voluntad, y mi oración sea verdaderamente en tu nombre. Amén.

PARA EL ESTUDIO EN GRUPO: Vuelva sobre el pasaje de ayer y estúdielo junto al de hoy. Trate de que los miembros del grupo hablen francamente sobre las cosas que turban su corazón; es decir, sobre sus preocupaciones tanto personales como sociales. Habrá problemas en el trabajo, en la familia, en la iglesia. Otras personas quizá mencionen el aumento en el uso de drogas, la contaminación ambiental, las tensiones internacionales y la pobreza creciente en algunos sectores de la sociedad. Admita que todo esto causa ansiedad, pero no debe perturbarnos.

Invite al grupo a discutir qué hemos de pedir respecto a cada una de esas preocupaciones, siempre en nombre de Jesús. Insista en que al orar pidiendo algo, también hay que tener la disposición a hacer todo lo que se pueda por lograrlo. Discuta con el grupo lo que podemos y debemos de hacer respecto a las preocupaciones mencionadas.

Termine con una oración en la que lleve toda la discusión ante Dios.

___ Novena semana ___

Primer día   *Lea* Juan 14:15-21

VEA: El pasaje de hoy también se coloca en el contexto de la última cena del Señor con sus discípulos antes de su traición. Jesús sigue hablándoles del tiempo cuando ya no estará con ellos. En este pasaje y el de mañana se entretejen varios temas. El primero de ellos es que quien ama a Jesús guarda sus mandamientos: «Si me amáis, guardad mis mandamientos» (14:15). La misma idea se repetirá mañana en los versículos 21 y 23-24. Sobre esto volveremos entonces. El segundo tema es el del Espíritu Santo (14:16-17 y 26). Se le llama «otro Consolador»; es decir que Jesús (el primer consolador) no estará con ellos, pero que el Espíritu tomará su lugar (14:16). También se le llama «Espíritu de verdad» (14:17). En el pasaje de mañana se le llamará «el Consolador, el Espíritu Santo» (14:26).

La relación entre Jesús y el Espíritu Santo es estrecha. Cuando venga el Espíritu, el mundo no le conocerá ni le verá; pero los creyentes sí le conocerán. Porque tendrán el Espíritu, verán también a Jesús, aunque el mundo no pueda verle. El Espíritu y Jesús no son lo mismo, pero su relación es tan estrecha que quien tiene al uno tiene al otro. Es como la relación entre Jesús y el Padre. Jesús no es el Padre; pero quien ve a Jesús ve al Padre. Quien tiene al Espíritu, ve a Jesús, y sabe que Jesús está en el Padre. Como los discípulos están en Jesús, también ellos están en el Padre. Todo esto culmina en el hecho práctico de que quien ama a Jesús y guarda sus mandamientos es amado tanto por Jesús como por el Padre.

JUZGUE: Al estudiar este pasaje, podemos recibir varias enseñanzas. La primera es la estrecha relación entre el Padre, Jesús y el Espíritu Santo. Esto es importante, porque a veces pensamos que hay otros modos de conocer a Dios que son mejores que Jesús. Así, por ejemplo, hay quien piensa que los argumentos filosóficos acerca de la existencia y el carácter de Dios nos dicen más acerca de Dios que lo que aprendemos en Jesús. Otras personas piensan que el mejor modo de conocer a Dios es contemplar las maravillas de la naturaleza. Pero la verdad es que nada hay que nos haga conocer a Dios mejor o con más claridad que Jesucristo.

Hay también quien piensa que tener el Espíritu Santo es más que tener a Jesús. Lo cierto es que nadie puede tener a Jesús sin tener al Espíritu Santo, y nadie puede tener al Espíritu Santo sin tener a Jesús (vea 1 Corintios 12:3).

La segunda cosa que nos enseña este pasaje es que amar a Jesucristo y guardar sus mandamientos van mano a mano. Jesús no espera a que guardemos sus mandamientos para amarnos. Él nos ama en medio de nuestro pecado, pero esto no quiere decir que sus mandamientos no sean importantes. El verdadero amor a Jesús nos lleva a guardar sus mandamientos.

En la vida de la iglesia, así como en nuestras vidas individuales, hay dos errores que hemos de evitar. El primer error consiste en creer que el mensaje cristiano es una serie de mandamientos y reglas. Cuando caemos en ese error, pensamos que la base de la vida cristiana está en esas reglas, y lo que predicamos es una serie de reglas, un sistema moral, y no el mensaje cristiano: el amor de Dios manifestado en Cristo Jesús. Quien da vida nueva es Jesucristo, y no las reglas. Jesucristo es el centro de nuestra fe.

El segundo error consiste en pensar que las reglas nada tienen que ver con la fe cristiana. Hay quien piensa que con declararse cristiano, o con alzar la mano en un culto de avivamiento, o con decir que uno ha nacido de nuevo, ya basta. El hecho es que si de veras amamos a Jesús—es decir, si de veras somos cristianos—trataremos de hacer su voluntad y cumplir sus mandamientos. Decir que amamos a Jesús, y hacer lo que sabemos que Jesús no desea, es hipocresía.

Pero hay más. Si de veras amamos a Jesús, trataremos de descubrir su voluntad. No nos limitaremos a cumplir con sus mandamientos de manera superficial, o ciñéndonos a una tradición, sino que trataremos de descubrir cada vez más lo que sus mandamientos requieren de nosotros en el día de hoy. Por ejemplo, amar a Jesús quiere decir amar a nuestro prójimo. Eso está claro. Lo que tenemos que hacer entonces es continuar indagando cada vez más qué necesidades hay en el mundo de hoy, que nos permitan manifestar ese amor al prójimo.

ACTÚE: Escriba lo que sigue en su cuaderno: «Señor, porque te amo. . . .» Luego, complete la oración. Repita el ejercicio, completando la oración de otra manera. Haga así una lista de las consecuencias que para usted tiene el amor a Jesús.

De ser posible, trate de que algunas de sus oraciones estén en tiempo pasado, y otras en futuro, de modo que unas digan algo de lo que usted ha hecho por amor a Jesús, y otras algo de lo que se compromete a hacer. (Por ejemplo: «Señor, porque te amo, ayer fui a ayudar a doña Matilde, que está muy enferma y sola.» «Señor, porque te amo, voy a continuar estudiando tu Palabra con más fidelidad.»)

Segundo día   *Lea* Juan 14:22-31

VEA: Este pasaje y el que leímos ayer son de una sola pieza. De hecho si usted los vuelve a leer juntos verá que, a diferencia de los pasajes narrativos que hemos estudiado tantas veces, y que avanzan en forma lineal, este pasaje avanza en forma de espiral. Se dice una cosa, se pasa a otra, entonces a otra, pero luego se vuelve a la primera. Aunque parece repetirse, poco a poco se va estableciendo la relación entre los principales temas del pasaje.

Estamos todavía en la última cena, y Judas (no el traidor, sino el otro, a quien después se conocería como «San Judas») le pregunta a Jesús cómo es que Jesús va a poderse manifestar a sus discípulos sin manifestarse al mundo. Esta pregunta muestra que Judas entiende algo de lo que Jesús está diciendo. Si Jesús ya no va a estar con ellos de manera física y visible, de tal modo que el mundo pueda verle, ¿cómo se va a manifestar a los discípulos?

La respuesta de Jesús es que quien le ama y guarda su palabra, tendrá a Jesús mismo, al Padre y al Espíritu Santo morando en sí. Es en ese hecho, y por ese medio, que sus seguidores le verán, aun cuando el mundo no pueda verle. Además, Jesús mismo les ha advertido que esto será así, para que cuando él ya no esté físicamente no piensen que les ha abandonado, y además para que el Espíritu Santo les recuerde más adelante que esto fue precisamente lo que Jesús anunció.

El resultado de todo esto es que Jesús les deja a sus discípulos su paz; pero les anuncia también que es una paz distinta de la que el mundo da. Esto se entiende de dos maneras. En primer lugar, en esa época se acostumbraba decir, a manera de saludo, «paz»; pero esa palabra no quería decir gran cosa, y quien la pronunciaba apenas se detenía a pensar en su significado. En contraste, cuando Jesús dice «paz», es eso precisamente lo que quiere decir. En segundo lugar, el contraste entre la paz de Jesús y la del mundo está precisamente en que la paz del mundo queda sujeta a las vicisitudes del mundo, y la de Jesús no.

El pasaje termina con una predicción de que la hora de la cruz se acerca. Jesús dice que «viene el príncipe de este mundo, y él nada tiene en mí» (14:30). Pero, para que el mundo conozca su amor hacia el Padre, y porque eso es lo que el Padre ordena, Jesús se ha de sujetar a la muerte.

Con esto termina la larga escena que el Evangelio de Juan coloca en la última cena de Jesús con sus discípulos.

JUZGUE: Puesto que el pasaje trata sobre los mandamientos, y la necesidad de guardarlos, considere el siguiente ejemplo: Suponga que compra usted un juguete para regalarle a alguien, y al abrir la caja encuentra que viene desarmado, con varias docenas de piezas. Usted puede tratar de armarlo sin seguir las instrucciones. Si lo hace, lo más probable será que varias horas más tarde tendrá que confesar su fracaso y armar el juguete según las instrucciones del fabricante. Quien hizo el juguete sabe cómo funciona y cómo ha de armarse. Las instrucciones no son simple capricho del fabricante para gastar papel y tinta. Son señal de su interés en que el juguete funcione como es debido.

Lo mismo sucede con los mandamientos de Dios. Son nuestras instrucciones del fabricante. No son caprichosas, sino que vienen del amor de Dios quien se interesa en que funcionemos como es debido. Podemos insistir en vivir sin esas instrucciones; pero si lo hacemos, a la postre tendremos que confesar nuestro fracaso, o será declarado en el juicio final. Los mandamientos de Dios y el amor de Dios son dos caras de la misma moneda.

Hay una frase famosa de San Agustín, quien dijo: «Ama a Dios y haz lo que quieras». ¿Qué piensa usted sobre esa frase? ¿Será un buen consejo? Al pensar sobre esto, recuerde que el pasaje no dice sólo que hemos de guardar los mandamientos de Jesús. Dice también que Jesús nos enviará al Espíritu Santo para que nos recuerde esos mandamientos; nos enseñe todas las cosas; y nos ayude a guardarlos. Cuando Jesús dice que no nos dejará huérfanos, esa promesa implica no sólo compañía, sino también ayuda. No estamos solos en nuestros esfuerzos por cumplir sus mandamientos. Al contrario, Jesús mismo nos ha enviado otro Consolador, el Espíritu Santo, por cuyo poder somos capaces de obedecer.

ACTÚE: *Ore:* Gracias, Dios nuestro, porque ahora que no podemos ver a Jesús en la carne, tenemos al Espíritu Santo para que nos recuerde todo lo que el Maestro nos ha enseñado. Te pedimos que tu Espíritu nos enseñe todas las cosas, de modo que podamos responder a las necesidades de hoy como tú lo deseas. En el nombre de Jesús, quien nos ha dado de su Espíritu. Amén.

❧ ● ❧

Tercer día   *Lea* Juan 15:1-17

VEA: Éste es el famoso pasaje en el que Jesús se compara con una vid. Una de las tareas principales de quien cultiva una viña es asegurarse de podar las ramas que no den fruto y cuidar de las que lo den. En este pasaje Jesús nos dice que hay ramas («pámpanos») que no dan fruto y otras que lo dan. Los pámpanos que no dan fruto han de ser cortados y destruidos, mientras otros recibirán atención especial a fin de que lleven más fruto.

Jesús explica el sentido de esta imagen, diciendo que él es la vid verdadera y nosotros los pámpanos y que, por tanto, sólo en él podemos dar fruto.

El texto pasa entonces a explicar cómo es que hemos de estar en esta vid que es Jesús. De diversos modos el texto dice que estar en Jesús es permanecer en su amor y obedecer sus mandamientos. El amor y los mandamientos se entrelazan de tal modo que es imposible separar lo uno de lo otro. Por ejemplo: «Si guardareis mis mandamientos, permaneceréis en mi amor» (15:10). «Este es mi mandamiento: Que os améis unos a otros, como yo os he amado» (15:12). El mandamiento lleva al amor y el amor resulta en obediencia al mandamiento.

Por último, el texto habla de una nueva relación entre Jesús y nosotros: «Ya no os llamaré siervos, porque el siervo no sabe lo que hace su señor; pero os he llamado amigos» (15:15). Aquí la imagen cambia, aunque lo que se indica es lo mismo. En lugar de hablar de la vid y los pámpanos, Jesús habla de la diferencia entre la servidumbre y la amistad. La relación de los discípulos con Jesús (a pesar de ser él el Señor) no es una relación de servidumbre, sino de amistad, porque los discípulos conocen los propósitos de su Señor.

El último versículo resume todo lo que se acaba de decir, uniendo el amor y la obediencia: «Esto os mando: Que os améis unos a otros» (15:17).

JUZGUE: El texto de hoy habla de la relación estrecha que hay que tener con Jesús para ser verdaderamente sus discípulos. La imagen de la vid y los pámpanos merece consideración. El pámpano no puede vivir por sí solo. Si se le separa de la vid, muere. Tampoco basta con que esté cerca de la vid, sino que tiene que estar injertado en ella. Es necesario que corra la savia, llevando los elementos nutritivos de las raíces a las ramas.

En toda circulación, ya sea de savia en una planta o de sangre en un cuerpo, hay dos direcciones. La sangre corre desde el corazón hasta los miembros, y luego regresa de los miembros al corazón. De igual modo, en la vida cristiana hay dos direcciones que son parte de una sola vida. Jesús nos amó y dio su vida por nosotros. Jesús nos da tanto su amor como su mandamiento de amar. En respuesta, hemos de ser obedientes a ese mandamiento, permaneciendo en su amor y amándonos unos a otros.

Todo esto puede parecer fácil en teoría. Sin embargo, la vida cristiana no es teoría, sino práctica. Luego, lo que hemos de preguntarnos es: ¿Qué quiere decir el mandamiento de amor para nosotros hoy? Si hoy he de permanecer en el amor de Jesucristo, ¿cómo y a quién he de amar?

ACTÚE: Reflexione sobre la pregunta que acabamos de plantear. Piense en alguna persona a quien usted preferiría no amar. Es precisamente a esa persona que Jesús le manda que ame. (Amar a quienes nos gustan no requiere mandamiento, sino que es una actitud fácil y natural.) Escriba el nombre de esa persona. Entonces piense en el «cómo»: qué es lo que usted debe hace en amor a esa persona. Anótelo. Vuelva sobre sus notas dentro de unos días, a ver si lo cumplió.

Cuarto día   *Lea* Juan 15:18-27

VEA: Jesús continúa preparando a sus discípulos (y preparándonos a nosotros) para los tiempos que han de venir cuando él ya no esté entre ellos. Y empieza por advertirles que el mundo les aborrecerá, y que esto no ha de sorprenderles, pues ellos no son del mundo. Además, puesto que el siervo no es mayor que su señor, si el Señor Jesús no estuvo exento de persecución, tampoco lo han de estar sus siervos o seguidores.

Por otra parte, el mundo sí tiene razón en aborrecer a Jesús y a sus seguidores, pues el hecho mismo de que Jesús ha venido y les ha hablado quiere decir que ya no tienen excusa (15:22). Si Jesús no hubiera venido y les hubiera dado tantas señales de su poder y autoridad, no tendrían pecado. Ahora le han rechazado a él, y en esto consiste su pecado. Pero ese mismo pecado, y la necesidad de ocultarlo, hace que el mundo persiga tanto a Jesús como a quienes le siguen.

Esto parecería dar a entender que fue Jesús quien habló y dio oportunidad a que se le creyese, y que después de su partida ya la suerte está echada, de tal modo que quienes no le creyeron entonces ya no tendrán oportunidad de creer. Pero no: Jesús mismo anuncia que cuando venga el Consolador (es decir, el Espíritu Santo), él dará testimonio acerca de Jesús, y los discípulos igualmente darán testimonio. Luego, aun después de la partida de Jesús, el testimonio acerca de él continuará. Ese testimonio, como cuando Jesús mismo lo dio personalmente, dará oportunidad para creer, pero también servirá de condenación para quienes no crean.

JUZGUE: Cuando leemos estas líneas, nuestra inclinación natural es pensar que el conflicto entre Jesús y «el mundo» terminó cuando la mayor parte de la sociedad se declaró cristiana. En cierto modo, esto es cierto, pues hoy no se persigue a los cristianos como se les persiguió en los primeros siglos—al menos, no en la mayoría de los países. Pero hay que tener cuidado, porque si nos imaginamos que ya hoy no hay conflicto entre la fe cristiana y «el mundo», nos engañamos. De hecho, al tratar sobre la fe cristiana y el mundo, hay dos errores muy comunes entre los creyentes de hoy.

El primero es pensar que ya no hay conflicto entre el cristianismo y «el mundo». Cuando nos imaginamos tal cosa, resulta que ser cristiano no es más que ser una persona decente, que cumple con sus resposabilidades sociales. Éste es el error más común entre algunas de las iglesias más «acomodadas». Como sus miembros se encuentran relativamente a gusto en el orden social presente, se imaginan que ya el evangelio no tiene nada que decir acerca de ese orden social, y que basta con formar parte de él para ser creyente.

El otro error consiste en pensar que cuando en la Biblia se habla del «mundo» en términos negativos, esto indica que toda la naturaleza creada es mala, o que todo el orden social es malo, o que los cristianos tienen que apartarse del resto de la humanidad. Esta actitud es mucho más común entre aquéllas de nuestras iglesias cuyos miembros pertenecen a grupos marginados, ya sea por razones económicas, por razones raciales o culturales, o por otras.

Lo cierto no es ni lo uno ni lo otro. El mundo como realidad física es creación de Dios. Dios amó al mundo tanto que dio a su Hijo unigénito. Si él vino al mundo, nosotros no podemos desentendernos de ese mundo que él amó. Pero el amor de Jesús es también juicio. El mundo que Jesús amó no le recibió. ¿Por qué? Porque el mundo ama su propio orden, sus propios privilegios, sus propias comodidades, sus propias injusticias.

Luego, nuestra misión es amar al mundo, no para imitarle o para aprender de él ese orden corrupto de privilegios y de injusticia, sino para que nuestro propio amor sea señal tanto del amor como del juicio de Dios. Cuando hacemos esto, el mundo nos aborrece, al igual que aborreció a Jesús porque no quiso aceptar sus palabras.

ACTÚE: *Ore:* Perdóname, Señor, cuando he querido ganarme el amor del mundo accediendo a su orden o participando de sus injusticias. Pero ayúdame a amar a ese mismo mundo; a amarle mostrándole tu amor y tu justicia. Y, si por ello el mundo me aborrece, dame fortaleza para continuar firme. Por Jesús, quien vino al mundo, amó al mundo, se dio al mundo, y fue muerto por el mundo. Amén.

⌁⌁⌁●⌁⌁⌁

Quinto día   *Lea* Juan 16:1-4

VEA: Continúa la advertencia. El propósito de la advertencia es «para que no tengáis tropiezo»; es decir, para que cuando estas cosas sucedan, no tomen a los discípulos por sorpresa.

Ahora, sin embargo, la advertencia se recrudece. Quienes van a perseguir a los discípulos lo harán, no sencillamente con mala intención, sino creyendo que con ello sirven a Dios. Se trata aquí de la dimensión religiosa de la persecución, pues les echarán de las sinagogas, y lo harán en el nombre de Dios.

Esto es lo más sorprendente de lo que ha de acontecer: a los discípulos del Señor se les perseguirá en el nombre del mismo Dios que le envió. Esto es tan sorprendente, que el Señor les advierte de ello a los discípulos, tanto al principio como al final del pasaje, para que no les tome por sorpresa de tal modo que les sea ocasión de caída.

JUZGUE: Recuerde el caso de los padres del hombre nacido ciego que había sido curado, y que no se atrevían a decir que Jesús había hecho el milagro porque temían ser expulsados de la sinagoga. Esto era visto como un serio castigo. Era señal de condenación tanto social como religiosa. Luego, cuando Jesús les dice a sus discípulos, todos ellos judíos, que les van a expulsar de las sinagogas, les advierte acerca de una persecución seria y dolorosa.

Hoy los cristianos no tenemos sinagogas. Pero sí tenemos iglesias. Y lo triste del caso es que frecuentemente, a través de la historia, se ha expulsado de la iglesia a muchas personas que no cometieron otro delito que el de tomar las palabras de Jesús con toda seriedad. Ciertamente, una de las razones por las cuales hay hoy tantas denominaciones protestantes es que no hemos aprendido a escucharnos unos a otros, para ver si lo que alguien dice puede ser en verdad mensaje de Dios para nosotros. Cuando estamos en desacuerdo, lo que hacemos es que expulsamos a la otra persona de la iglesia; o si no, somos nosotros quienes nos vamos de la iglesia. Hay hasta quien maldice a un hermano o hermana en Cristo, creyendo que con ello le rinde un servicio a Dios.

Cuando tal hacemos, nos comportamos como aquellas sinagogas que expulsaron a los primeros cristianos. ¿No podríamos tener un poco más de tolerancia? ¿No podríamos darles tiempo a los nuevos programas, los nuevos modos de hacer las cosas, las nuevas ideas, para que prueben si son de Dios o no?

ACTÚE: Busque a una persona con quien haya tenido alguna desavenencia—si se trata de una desavenencia respecto a lo que la iglesia debería hacer, tanto mejor. Acérquesele. Pídale conversar, a ver cuánta razón pueda haber en lo que esa otra persona dice. Pídale que juzgue lo que usted dice a la luz de la Palabra de Dios. Haga usted lo mismo.

Sexto día   *Lea* Juan 16:5-11

VEA: Continúa la despedida de Jesús, unida a la promesa del Consolador. Aquí Jesús insiste en que sus discípulos no han de estar tristes ante su partida, pues es después de esa partida que vendrá el

Consolador. La función del Consolador no se relaciona únicamente con la iglesia o con los creyentes, sino también con el mundo, como vemos en el versículo 8: «Y cuando él venga, convencerá al mundo de pecado, de justicia y de juicio».

Este último versículo es difícil de entender, sobre todo porque la palabra griega que en nuestras Biblias se traduce como «convencerá» quiere decir mucho más que eso. Para nosotros, «convencer» significa «persuadir». Aquí, esa palabra implica eso, pero también implica mucho más. Quiere decir también demostrar, probar (como ante un tribunal), y por tanto tiene connotationes de condenación. Si con esto en mente leemos 16:9-11, los entenderemos mejor:

El Consolador pone de manifiesto el pecado del mundo por no creer en Jesús (16:9).

El Consolador es manifestación de justicia, porque ocupa el lugar de Jesús, la justicia de Dios. En este sentido, el Consolador es prueba, comprobante o señal de justicia (16:10).

El Consolador manifiesta o expone el juicio de Dios, por cuanto el Maligno ya ha sido juzgado y condenado, y el Consolador lo manifestará (16:11).

JUZGUE: En muchas de nuestras iglesias decimos que «nos gozamos» en el Espíritu. Esto tiene buena base bíblica, pues en este pasaje Jesús nos dice que, en lugar de entristecernos por su ausencia física, hemos de alegrarnos por la presencia del Espíritu o Consolador.

Por otra parte, sin embargo, cuando en nuestras iglesias nos gozamos en la presencia y acción del Espíritu, muchas veces nos olvidamos de que el Espíritu tiene una función, no solamente respecto a la iglesia, sino también respecto al mundo que nos rodea. El Espíritu es confirmación del pecado de quienes no creen; es confirmación de la justicia de Dios revelada en Jesucristo; y es señal de que el juicio de Dios, por el cual el mal será condenado, ya es un hecho.

Quizá sea por esto, porque se percata de que nuestro gozo en el Espíritu es en cierto modo una prueba y manifestación de su propio pecado, que el mundo que nos rodea tiende a atacar o a menospreciar a aquellos grupos cristianos que dan testimonio de tener al Consolador en su seno. (Y cuando no les ataca, quizá sea señal de que en tales grupos a veces la función del Consolador se limita estrictamente a la vida de la iglesia, como si el Espíritu no nos dijera nada sobre el mundo en derredor.)

ACTÚE: Ore pidiéndole al Espíritu de Dios que le dé y le aumente el gozo de su presencia, aun mientras seguimos esperando el retorno de Jesús. Pídale también que le dé palabras y acciones que sean un verdadero testimonio al mundo. Escriba en su cuaderno de reflexiones una oración pidiendo esas cosas. Repítala, reflexionando sobre lo que está pidiendo. Si hay otras personas en su iglesia o comunidad que están siguiendo esta misma serie de estudios al mismo tiempo que usted, comparta con alguna de ellas la oración que escribió.

Séptimo día *Lea* Juan 16:12-24

VEA: Jesús sigue preparando a sus discípulos para su pasión y muerte. Añade que tendría otras cosas que decirles, pero que «ahora no las podéis sobrellevar» (16:12). Dado el contexto, estas cosas que los discípulos no pueden sobrellevar son la pasión, muerte y resurrección de su Maestro. Posiblemente se refiera sobre todo al modo en que las autoridades se van a confabular para destruirle. Más tarde, cuando todo esto haya pasado, el Espíritu les ayudará a entender su significado.

El Maestro les dice que dentro de poco no van a verle más, y que después volverán a verle. Los discípulos no lo entienden. Entonces Jesús les anuncia que han de tener un período durante el cual han de llorar y lamentar, pero que más tarde su tristeza se convertirá en gozo (16:20).

Para explicarles esto, Jesús les habla de una mujer que da a luz. Los dolores de parto son grandes y muy reales. No desaparecen sencillamente porque la mujer sabe que va a tener un hijo o una hija. Una vez que la criatura ha nacido, el gozo es tal que la angustia y los dolores del parto quedan atrás. Sólo hay lugar para la alegría porque este recién nacido ha venido al mundo. De igual modo, les dice Jesús a sus discípulos que ahora viene un tiempo de tristeza, pero Jesús los volverá a ver. Cuando vuelva, nadie podrá quitarles el gozo de su presencia.

En el entretanto, mientras Jesús no esté para explicarles lo que ha sucedido, o lo que todo ello significa, el Espíritu Santo (o «el Espíritu de verdad») estará con ellos para guiarles «a toda la verdad». Aquí Jesús señala algo que resulta claro en todo el Evangelio de Juan; es decir, que el Espíritu no es una realidad independiente de Jesús, como si sus enseñanzas fuesen distintas o superiores, sino que «Él me glorificará; porque tomará de lo mío, y os lo hará saber» (16:14).

JUZGUE: Al pronunciar estas palabras, Jesús estaba preparando a sus discípulos para su ausencia entre la crucifixión y la resurrección. Al hablar de dolores como de parto seguidos de un gran gozo, estaba hablando primeramente del dolor de los discípulos al ver a su Señor acusado, juzgado, condenado y crucificado, y de su gozo al verlo resucitado al tercer día. Los discípulos tendrían que pasar por un doloroso período entre el tiempo en que Jesús les fue arrebatado por los soldados, y el tiempo de la Resurrección.

El texto también se aplica a otra situación que, aunque menos dramática, no es menos real. Después de su resurrección, el Señor no permaneció físicamente con los discípulos. Nosotros también vivimos «entre los tiempos»—entre el tiempo de la ascensión y el tiempo de la venida del Reino. Vivimos en el tiempo de la ausencia física de Jesús, que nos causa dolor y perplejidad. Es precisamente por esto que el Evangelio de Juan recalca tanto el tiempo de la ausencia de Jesús entre su crucifixión y su resurrección como la promesa del Espíritu Santo para este período «entre los tiempos».

Cuando este Evangelio se escribió, ya la iglesia vivía en circunstancias parecidas a las nuestras; es decir, entre el tiempo de la resurrección y ascensión de Jesús y el tiempo del establecimiento del Reino. En esas circunstancias, era importante recordar que ya antes los discípulos habían pasado por un período de semejante ausencia física—aunque un período más doloroso, porque no habían tenido la experiencia de la resurrección.

La promesa del Espíritu Santo es para un tiempo como el nuestro, un tiempo «entre los tiempos». Mientras el Señor Jesús no está físicamente con nosotros, el Espíritu Santo nos acompaña y nos conduce a «toda verdad». Aquí es importante considerar y subrayar lo que nos dicen los versículos 12-15. La verdad a que nos conduce el Espíritu no es una verdad distinta de la de Jesucristo. En Juan 14:6, Jesús dice que él es la verdad. No es que Jesús sea una verdad a un nivel, y luego el Espíritu nos lleve a un nivel más elevado de verdad. El Espíritu conduce a Jesús, no a una realidad supuestamente superior a la de Jesús, si no que es como una luz que ilumina a Jesús para que le entendamos, le amemos y le sirvamos mejor. El Espíritu no es una revelación superior para algunos individuos supuestamente más espirituales que los demás, que ya no necesitan del Jesús que vino en la carne.

A nosotros, quienes vivimos «entre los tiempos», el Espíritu nos ayuda a ser fieles en estos tiempos, pero siempre a la luz de la vida y el mensaje de Jesucristo. Relacionando esto con lo que estudiamos hace unos días, podríamos decir que el Espíritu nos une a Jesús para que podamos ser como pámpanos que permanecen unidos a la vid verdadera.

ACTÚE: ¿Conoce usted a alguna persona que pretenda que el Espíritu le conduce a verdades superiores que las que Jesús ha revelado? Quizá sea alguna persona en su propia iglesia. Pero lo más probable es que será alguna persona en otra iglesia o denominación. ¿Qué le respondería usted a esa persona o iglesia? En pocas palabras, escriba su respuesta.

PARA EL ESTUDIO EN GRUPO: Este estudio puede ser una buena oportunidad para tratar sobre ciertos falsos conceptos de «espiritualidad» que circulan en algunas iglesias. Hay quien piensa que lo «espiritual» es lo contrario de lo «material» o de lo «físico». Es a base de ese error que algunas personas piensan que, puesto que Jesús vino en carne física, el Espíritu es superior, y que por tanto recibir el Espíritu es más que conocer a Jesús. Pero hay dos errores en esto:

Primero, tales personas olvidan que no es posible conocer a Jesús y aceptarle como Señor y Salvador, si no es por obra del Espíritu Santo.

Segundo, se equivocan al pensar que lo espiritual es lo contrario de lo material. Lo espiritual es lo que obedece y sigue a Dios. Su opuesto es lo «carnal», que es lo que se opone o desobedece a Dios, ya sea en cosas físicas, o en otras.

Explíquele esto al grupo y guíele en una discusión sobre ello.

Décima semana

Primer día

Lea Juan 16:25-37

VEA: Por fin parece que los discípulos empiezan a entender lo que Jesús les está diciendo. En el versículo 29 le dicen: «He aquí ahora hablas claramente, y ninguna alegoría dices».

A esto responde Jesús que, aunque por fin creen, no deben hacerse ilusiones sobre el futuro. Al igual que antes le dijo a Pedro que le negaría tres veces, ahora les dice a todos los discípulos que serán esparcidos, y le dejarán solo. (Pero Jesús dice que no estará verdaderamente solo, pues el Padre está con él.)

Aunque se trata de un detalle que es fácil pasar por alto, note que en los versículos 26 y 27 Jesús contradice una opinión que a veces nos hacemos de Dios. Se trata de la opinión que prevalece en muchos círculos, según la cual el Padre es justiciero y exige castigo por el pecado, mientras el Hijo es quien intercede por nosotros y convence al Padre para que no sea tan duro. Esto es contrario a la visión bíblica de Dios. Aquí Jesús lo contradice directamente: «no os digo que yo rogaré al Padre por vosotros, pues el Padre mismo os ama».

El versículo 37, el último del texto de hoy, explica la razón por la cual Jesús les ha dicho todas estas cosas a los discípulos: para que tengan paz. Note que les ha dicho, no sólo que él ha de sufrir, morir y regresar, sino también que ellos le han de abandonar. ¡Y les ha dicho esto para que tengan paz! Ciertamente, después de esparcirse y abandonarle, pues cuando quieran regresar a él, sabrán que todo esto Jesús lo previó, y así y todo continuó amándoles.

Por último, el pasaje termina con estas palabras famosas: «En el mundo tendréis aflicción; pero confiad, yo he vencido al mundo».

JUZGUE: Estas últimas palabras del pasaje han sido fuente de aliento y esperanza para los cristianos a través de las edades. ¿Qué es este «mundo» en el cual Jesús nos anuncia que tendremos aflicción? Aquí el mundo no es sencillamente la creación física—eso que llamamos «mundo» en las clases de geografía. El mundo es más bien la creación y la sociedad en rebelión contra Dios. El mundo es esa sociedad en la que se piensa que quien es más fuerte tiene más derechos, que quien más manda es más digno, que lo importante es «salir adelante», aunque ello sea a costa de los demás. Ése es el mundo que existía en tiempos del Imperio Romano, y es el mundo que sigue existiendo hoy.

En tal mundo, los creyentes en Jesucristo ciertamente tendrán aflicción. Tendrán aflicción, porque no encajan, porque insisten no en ser servidos, sino en servir; no en recibir, sino en dar. En ese mundo en el que cada cual busca lo suyo, los discípulos del Maestro que dio su vida no buscará lo suyo, sino el bien ajeno. Luego, su misma presencia y testimonio serán una afrenta contra el mundo, que por ello les aborrecerá.

Aunque el mundo parezca tan poderoso, quienes siguen a Jesucristo han de confiar, pues su Señor ya ha vencido al mundo. ¿Cómo? Pues en su misma muerte y resurrección. Como Juan ya ha empezado a decirnos, y aclarará mucho más, en la muerte de Jesús se confabularon los intereses de los líderes judíos y romanos, quienes hicieron todo lo posible por destruirle. Llamaron en su auxilio al más poderoso aliado: la muerte. Pero ni aun ella fue suficiente para derrotar a Jesús. Él ha vencido a la muerte y al mundo. Por tanto, nos dice el Señor: «En el mundo tendréis aflicción; pero confiad, yo he vencido al mundo».

ACTÚE: ¿Cuáles son los poderes del mundo que usted más teme? ¿la opinión de las personas «respetables»? ¿la autoridad de sus jefes? ¿la posibilidad de la pobreza? ¿alguna otra cosa? ¿Cómo responde usted a esos temores? ¿Cree que sus respuestas son las de quien confía en un Señor que ha vencido al mundo? Anote sus reflexiones.

Segundo día   *Lea* Juan 17:1-3

VEA: Varias veces en el Evangelio de Juan hemos visto la frase «la hora» o «mi hora». Esto se refiere casi siempre al momento del arresto, juicio y crucifixión de Jesús. Ahora, tras varios capítulos en los que Juan nos dice cómo Jesús preparó a sus discípulos para este momento, llega por fin la «hora». Tras hablar con sus discípulos, Jesús se dirige al Padre en oración.

Esta oración, que comprende todo el capítulo 17, ha sido llamada «la oración sacerdotal de Jesús», porque en ella Jesús se dedica sobre todo a interceder pos sus discípulos y por los que han de seguirle. Si en los capítulos anteriores Jesús les dijo a los discípulos lo que esperaba de ellos en el futuro, ahora se lo dice al Padre, en una oración de intercesión por ellos.

La oración comienza con una petición al Padre, en el sentido de que Jesús sea glorificado. Esto puede sonar extraño, pues si alguno de nosotros orara diciendo, «Padre, glorifícame», le tendríamos por harto orgulloso y hasta necio. Pero en este caso hay que señalar los siguientes dos puntos:

El primero de ellos es que, dada la unidad entre Jesús y el Padre de que Juan nos ha hablado repetidamente, la gloria del Hijo es también la del Padre. Luego, al glorificar a Jesús, el Padre también se estará glorificando a sí mismo. Además, debido a esa estrecha unión, y debido al origen eterno del Hijo junto al Padre (recuerde los primeros versículos de todo el libro), cuando Jesús pide que se le glorifique no está pidiendo algo que no le pertenezca.

El segundo punto es que la glorificación que Jesús pide es muy distinta de lo que muchos de nosotros entendemos por glorificación. Jesús se enfrenta a la cruz, y le pide al Padre que en esa hora sea glorificado. Esta glorificación no consiste en llevar coronas, en recibir alabanzas, ni en revestirse de esplendor, sino que consiste en ser obediente en el mismo momento de la cruz. Es decir, que de igual modo que Jesús rechaza ese orden del «mundo», donde los más importantes son los que más mandan y más abusan, así también toma para sí un concepto distinto de la «gloria», que consiste en servir, en entregarse, en ser obediente.

JUZGUE: Si entendemos la glorificación de esa manera, nada hay de malo en orar: «Padre, glorifícame para que tú también seas glorificado». Al orar de este modo, lo que estamos pidiendo no es que las gentes nos alaben, ni que nos admiren, ni que nos obedezcan, sino más bien que se cumpla en nosotros la voluntad de Dios—que podamos servir mejor a otras personas, y que lo hagamos de tal modo que en todo ello quien sea verdaderamente glorificado sea Dios. Si de paso nos alaban, o nos admiran, o nos siguen, es cosa que debe quedar en las manos de Dios; pero no ha de ser nuestro propósito ni el motivo de nuestra acción.

¿Qué cree usted que sucedería en el mundo si hubiera más creyentes que estuvieran verdaderamente dispuestos a que el Señor sea glorificado en ellos, aunque ello sea a costa de su comodidad, prestigio, poder o riquezas?

ACTÚE: *Ore:* Señor, me atrevo a pedirte que me glorifiques. Pero no como el mundo entiende la gloria, sino como la manifestó tu Hijo en su vida y en su muerte. Dame la fe y el poder necesarios para enfrentarme a lo que tú desees, de tal modo que seas tú glorificado. Por Jesús, quien te glorificó en su crucifixión. Amén.

Tercer día   *Lea* Juan 17:4-11

VEA: Continúa la oración sacerdotal de Jesús. Note que en el versículo 5 Jesús dice lo que afirmamos ayer; es decir, que al pedir al Padre que le glorifique, Jesús no pide sino lo que era suyo desde el principio.

Ahora el centro de la atención se vuelve hacia los discípulos por los cuales Jesús ora. Específicamente, aclara que esta oración no es por el mundo en general, sino por los seguidores de Jesús. Y lo que le pide es que les guarde.

Note, sin embargo, el propósito para el cual Jesús pide que el Padre guarde a sus discípulos: «para que sean uno, así como nosotros» (17:11). En base a lo que escuchamos con más frecuencia, podríamos pensar que Jesús pediría que el Padre les guardara para que fueran salvos, o para que obedecieran los mandamientos, o para que adoraran a Dios. Todo esto es importante; pero lo que Jesús pide ante todo para sus discípulos es que sean uno. Y esa unidad ha de ser semejante a la que existe entre el Padre y el Hijo.

JUZGUE: Si a un grupo de hermanos y hermanas en la iglesia se les preguntase que cada cual dijera una cosa que cree que es lo más importante que Jesús desea de sus discípulos, ¿qué piensa usted que la mayoría respondería? Posiblemente algunos dirán que Jesús desea que tengamos fe; otros dirán que Jesús desea que le seamos fieles; otros, que Jesús desea que les demos testimonio de él a otros.

Pero el hecho es que lo primero que Jesus pide es que el Padre nos guarde para que seamos uno. Luego, la unidad entre los cristianos no es una cosa secundaria. No es algo que deberíamos buscar cuando ya no tengamos otros problemas que resolver. Es lo primero que Jesús pide para sus seguidores. Más adelante veremos que esto tiene que ver con el testimonio cristiano al mundo. Por ahora, centremos nuestra atención en la unidad como lo primero que Jesús quiere de nosotros.

Lo cierto es que la mayoría de nosotros no le hemos prestado mucha atención a este asunto de la unidad. Creemos, sí, que es malo que los creyentes peleen y disputen entre sí; pero eso no es lo mismo que insistir en la unidad como una de las características esenciales de la vida cristiana y de los seguidores de Jesús.

ACTÚE: Piense en algunos de los elementos, problemas y desacuerdos que rompen la unidad entre los miembros de su iglesia local. ¿Qué puede hacer usted para fortalecer la unidad de su iglesia local? Anote sus reflexiones. Luego comparta sus pensamientos con los demás.

Piense en las diferentes iglesias en su barrio o comunidad. ¿Qué es lo que las separa unas de otras? ¿Son todas esas cuestiones lo suficientemente serias como para que los creyentes se dividan entre sí? ¿No será que muchas de nuestras divisiones persisten porque no nos percatamos de cuán importante es la unidad para la vida cristiana?

Piense en lo que usted y otros miembros de su iglesia pueden hacer para fortalecer su unidad con otras iglesias en la comunidad. Anote sus reflexiones y compártalas con otras personas de su iglesia local. Juntos, tomen algunos pasos para acercarse a otras iglesias o comunidades cristianas.

Cuarto día   *Lea* Juan 17:12-17

VEA: Continúa Jesús orando por sus discípulos. Habla como quien ya no está en el mundo, pues sabe que va al Padre. Empero sus discípulos quedarán detrás, y es por ellos que ruega. Ahora que él ya no va a estar entre ellos, le pide al Padre que los guarde, como él mismo los guardó mientras estuvo entre ellos.

Lo que le pide no es que los saque del mundo. No pide que Dios haga un mundo especial para ellos ni tampoco que se los lleve a alguna supuesta esfera espiritual. No, sino que sabe que sus discípulos seguirán viviendo en el mundo. Y por ello le pide al Padre que, sin sacarlos del mundo, les guarde del mal.

Este mal no es sencillamente lo que hoy llamaríamos «cosas malas que nos suceden». Lo que Jesús está pidiendo es que el Padre guarde a sus discípulos del poder del Maligno, de ese mal que se encuentra tan arraigado en el mundo, y en medio del cual los seguidores de Jesús tendrán que vivir.

Por último, Jesús le pide al Padre que los santifique en su verdad, que no es otra cosa que la Palabra misma de Dios.

JUZGUE: La relación de los cristianos con el mundo es cuestión que requiere reflexión seria. Jesús no le pide al Padre que nos cree otro mundo donde podamos estar sin contaminarnos. Pero muchas veces eso es precisamente lo que pretendemos que la iglesia sea. Puesto que en el mundo hay tanta maldad, decimos, tratamos de forjarnos una iglesia que nos sirva de sustituto para el mundo del cual queremos alejarnos. Cuando eso sucede, la iglesia se vuelve una especie de club privado para gente santa, y construye alrededor suyo murallas espirituales y sicológicas muy semejantes a las que se construyen alrededor de los clubes exclusivos de la alta sociedad. Ese iglesia amurallada se vuelve entonces una especie de remanso donde podemos vivir sin los desasosiegos y las tentaciones del mundo.

El problema está en que tal iglesia amurallada no puede dar testimonio de Jesús en el mundo. Si no nos codeamos con la gente del «mundo», ¿cómo hemos de darles testimonio?

Por otra parte, esto no quiere decir que entre quienes nos decimos seguidores de Jesús se deba vivir de igual modo que se vive en «el mundo». Pero la diferencia está, no en que nos amurallemos, sino en que empecemos a juzgar las cosas con una medida distinta de las del «mundo». Así, mientras en el mundo el mayor es quien más manda, entre cristianos el mayor ha de ser quien más sirve. Mientras la gloria del mundo está en el prestigio, las riquezas y el poder, la gloria de los cristianos está en la obediencia, la dedicación y el servicio.

Es por esto que Jesús no le pide al Padre que nos saque del mundo, sino que nos guarde de él—que nos guarde de esos juicios errados y de esa soberbia y desobediencia que son la esencia del mundo.

ACTÚE: Haga una lista de las relaciones que usted tiene con «el mundo», en el sentido de personas fuera de la comunidad de fe. (Por ejemplo, en su empleo, en sus negocios, en sus estudios, en sus pasatiempos.) Pregúntese qué puede hacer usted en el caso de cada una de esas relaciones para mantener los vínculos, pero hacerlo de tal modo que dé usted testimonio del Señor Jesucristo, y de unos valores y principios que son distintos de los del «mundo».

Anote sus respuestas. De ser posible, compártalas con otros hermanos y hermanas en la fe. Pero en todo caso, póngalas por obra.

Quinto día *Lea* Juan 17:18-23

VEA: Continúa la oración sacerdotal de Jesús a favor de sus discípulos. En el pasaje de hoy hay un detalle que debe aclararse: en el versículo 19, la frase «por ellos yo me santifico», no quiere decir que Jesús se santifica por medio de ellos, sino que se santifica para ellos, en beneficio de ellos. Él se santifica para que ellos sean santificados.

Hay dos elementos importantes en este pasaje. El primero de ellos es que aquí se nos aclara que toda esta oración que venimos estudiando no es sólo por los primeros discípulos, sino también por quienes hemos venido después (vea el versículo 20).

El segundo elemento importante de este pasaje es la unidad que Jesús quiere que exista entre sus seguidores. Esa unidad no es sencillamente para que nos cuidemos unos a otros, y nos sintamos bien en la compañía de otros hermanos y hermanas en la fe. El propósito de la unidad que Jesús desea entre sus seguidores es que de ese modo el testimonio resultará más efectivo. Note que esto es tan importante que la misma idea aparece tanto en el versículo 21 como en el 23. La unidad entre los cristianos tiene un propósito evangelizador.

JUZGUE: ¿Cree usted que los cristianos en su comunidad dan muestras de una unidad tal que sea un testimonio a favor de Jesucristo?

Piense primero en términos de su iglesia local. ¿Hay entre los miembros de esa congregación una unidad tal que quien les vea, y quien conozca el modo en que se relacionan entre sí, se sienta inclinado a creer por el solo testimonio de esa unidad? ¿O hay desavenencias, recelos y resentimientos tales que son un obstáculo en el camino de otras personas a la fe?

Piense segundo en términos de su barrio, comunidad o pueblo. ¿Cuántas iglesias hay? ¿Qué clase de relación existe entre ellas? ¿Compiten entre sí, cada una tratando de llevarse los miembros de las otras? ¿Colaboran en algún proyecto? Cuando las gentes de su barrio, comunidad o pueblo ven todas esas iglesias, ¿cree usted que ven la unidad que Jesús pidió que los creyentes tuviésemos, y que esa unidad les impulsa a creer?

Piense por último en términos de denominaciones. ¿Está comprometida su denominación a hacer todo lo posible para que se cumpla en nosotros la unidad que Cristo pidió en su oración sacerdotal?

Note además que muchas veces las divisiones no tienen otra razón de ser que la falta de interés, nuestro poco deseo de buscar la unidad. ¿Qué cree usted que dirá Jesús acerca de esas divisiones sin verdadera razón de ser?

ACTÚE: Resuelva comentar esto al menos con tres personas: otro miembro de su iglesia, un miembro de otra iglesia en su comunidad y algún líder denominacional. Explore con cada uno lo que se puede hacer para que el mundo nos vea más unidos, y crea.

Ore: Padre, te pedimos que todos seamos uno, como tú y el Hijo son uno, para que el mundo crea que tú le enviaste. Haznos perfectos en unidad para que el mundo sepa que nos has amado como amas a tu Hijo. En su nombre oramos. Amén.

Sexto día   *Lea* Juan 17:24-26

VEA: Con estos versículos termina la oración sacerdotal de Jesús, que ocupa todo el capítulo 17. En ellos, un tema es el modo en que el Hijo da a conocer al Padre, de manera que quienes siguen a Jesús conocen al Padre. El otro tema es la petición de Jesús, que sus discípulos estén con él donde él ha de estar—es decir, en el cielo.

Es en este último tema de la oración de Jesús que sale a la superficie lo que muchas personas piensan es la esencia del evangelio: que hemos de tener vida eterna con él. Esto sí es parte del mensaje del evangelio, que escasamente sería buenas nuevas sin ese elemento. Pero, como hemos visto en toda esta oración, lo que Jesús quiere que suceda con nosotros es mucho más que eso. Jesús quiere que guardemos sus mandamientos y que le amemos. Jesús quiere que seamos uno y quiere que compartamos su gloria. Todo esto es parte de su oración intercesora. Todo ello se entrelaza de tal modo que sin lo uno es difícil esperar o desear lo otro.

JUZGUE: Ahora que terminamos de estudiar esta oración de Jesús en pro de sus discípulos—los de entonces y los de ahora—, nos percatamos de que el evangelio es mucho más que la promesa de vida eterna para quienes crean en Jesús. El evangelio es también una invitación a aceptar el amor de Dios y a corresponder a ese amor. Es una invitación a guardar los mandamientos de Dios, no por obligación o por temor, sino por amor y fidelidad. Es un llamado a una unidad y un amor tales, que al vernos el mundo crea.

Desafortunadamente, estos otros aspectos o elementos del evangelio se predican y se enseñan con poca frecuencia. A veces parecen como apéndices o notas al calce de un evangelio que no es más que un mensaje de salvación. El peligro en esto está en que acabamos con un evangelio truncado, que no es el verdadero evangelio de Jesucristo. Y, porque nuestro evangelio queda trunco, no practicamos el amor, la fidelidad y la unidad que son parte de lo que Dios desea de nosotros y nos promete darnos.

ACTÚE: Haga una lista de los diversos elementos del evangelio que mencionamos arriba, tales como salvación personal, amor a Dios, obediencia a los mandamientos de Dios, amor y unidad entre los creyentes. Añada otros elementos importantes de la vida cristiana, como por ejemplo, la búsqueda de la justicia social, la responsabilidad hacia el medio ambiente y la mayordomía. Anote esa lista en su cuaderno de reflexiones.

Con esa lista en mente, siéntese con su pastor o pastora para ver cómo esos diversos aspectos del evangelio y de la vida cristiana pueden encontrar mejor expresión en su iglesia. Puede ser mediante una serie de sermones, un estudio bíblico o un programa de acción social. Ofrézcase para hacer cuanto pueda para apoyar tal programa.

Séptimo día   *Lea* Juan 18:1-11

VEA: La historia es muy conocida, aunque a veces nos olvidamos de algunos detalles. Jesús se había ido con sus discípulos (excepto Judas) a un lugar apartado que otras veces les había servido de lugar de reunión. Este sitio estaba «al otro lado del torrente de Cedrón, donde había un huerto» (18:1). La palabra «torrente» quizá dé la impresión equivocada de un gran río. Más bien, era un riachuelo que corría impetuoso al bajar de Jerusalén al Mar Muerto. Todo el valle se llamaba «valle de Cedrón», y en tiempos de la monarquía hubo en él bellos huertos y fincas de los reyes. Siempre se consideró el riachuelo o torrente de Cedrón como el límite de la ciudad de Jerusalén. Cuando Juan nos dice que Jesús y sus discípulos fueron al otro lado de este torrente, quiere decir que salieron de Jerusalén. Esto tiene importancia, por cuanto quienes vinieron a arrestar a Jesús, querían hacerlo en un lugar apartado, donde no hubiera riesgo de crear motines o desórdenes. Esto era de especial interés para quienes conspiraban para matar a Jesús. Una de sus preocupaciones era el peligro de que los romanos intervinieran. Si había un motín, ese peligro se acrecentaría. Lo que esto quiere decir es que la traición de Judas no consistió en delatar a Jesús, cuyas enseñanzas eran conocidas por sus enemigos, sino en decirles a los que querían arrestarlo dónde podían hacerlo con el menor disturbio posible.

Jesús y sus discípulos estaban reunidos cuando llegaron los que venían a arrestarle. Puesto que el texto dice que llevaban linternas y antorcha, no parece que los soldados, alguaciles y demás personas vinieran en secreto. Lo que les importaba era que el lugar fuera apartado. Por otra parte, el hecho de que trajeran armas da a entender que, si bien no creían que fuera necesario arrestar a Jesús por sorpresa, sí temían que hubiera resistencia.

Aunque Jesús sabe que es a él a quien buscan, con todo y eso les pregunta. Su presencia es tal que ante su pregunta los que vienen a arrestarle retroceden y caen en tierra. Jesús termina por entregarse al tiempo que les dice a quienes han venido a buscarle que dejen ir a sus discípulos. Si es a él solo que buscan, no tienen por qué arrestar a los demás.

La reacción de Pedro es famosa. Sacó su espada y le cortó la oreja a uno de los siervos del sumo sacerdote. Puesto que más adelante se nos dice que era el sumo sacerdote quien había sugerido matar a Jesús, y posiblemente los discípulos lo sabían o al menos lo sospechaban, no ha de extrañarnos el que Pedro desahogara su ira en uno de los siervos del sumo sacerdote. El Evangelio de Juan es el único que nos informa que su nombre era «Malco». No se sabe si Malco era un personaje importante, o si fue sencillamente el que estaba más a la mano cuando Pedro decidió desatar su furor.

Entonces Jesús le ordena a Pedro que guarde su espada, y que no resista al destino que Jesús ha de afrontar: «La copa que Padre me ha dado, ¿no la he de beber?»

JUZGUE: Quizá el mejor modo de reflexionar sobre la pertinencia de este pasaje para nuestra vida hoy sea pensar en dos de los personajes principales.

El primero de ellos es Judas. Se ha sugerido que Judas era en realidad un patriota que quería que Jesús restaurara el poderío de Israel, y que le entregó creyendo que de ese modo Jesús se vería forzado a hacer algún gran milagro, o a tomar armas contra los romanos. Lo cierto es que la Biblia no dice nada sobre esto, sino que dice que Judas traicionó a Jesús por unas monedas de plata. Sin entrar en más especulaciones, podemos decir que Judas traicionó a Jesús porque no compartía su visión. Fuera por motivos políticos o por dinero, el hecho es que Judas colocó otros intereses por encima de las enseñanzas de Jesús y que fue por eso que entregó al Maestro.

A ninguno de nosotros nos gusta compararnos con Judas, pero lo cierto es que muchas veces corremos el riesgo de ser como Judas. Esto lo hacemos cuando colocamos otros intereses por encima de la obediencia a Jesús y del amor a Dios y al prójimo. Aunque no lo hacemos abiertamente, traicionamos a Jesús cuando tomamos decisiones en base al dinero que hemos de recibir, y no en base al amor y al servicio a que Jesús nos llama. Lo cierto es que en nuestra sociedad tal actitud es muy común. Cuando nos dejamos arrastrar por ella, estamos muy cerca de la actitud de Judas.

Quizá nos ayude a recordar que Judas no fue con el resto a la reunión al otro lado del Cedrón. Esto nos puede indicar que el modo en que empiezan a olvidarse o a posponerse los valores del evangelio y a tomar su lugar los de la sociedad que nos rodea, es cuando empezamos a apartarnos de la compañía de los creyentes, del estudio y la adoración en común. Al estudiar y orar juntos, nos fortalecemos unos a otros en los valores del evangelio. Entonces, al llegar el momento de tomar una decisión cualquiera, estaremos mejor preparados para tomarla en base a los valores correctos. Por ejemplo, si se nos ofrece la oportunidad de ganar mucho más, pero a costa de otros valores y principios, estaremos más preparados para resistir a la tentación si formamos parte de una comunidad que no piensa—como a veces parece pensar nuestra sociedad—que el dinero lo es todo.

El otro personaje que merece nuestra consideración es Pedro. Su actitud es muy diferente de la de Judas. Él es un seguidor convencido de Jesús. Al desenvainar su espada, se arriesgó a ser arrestado él también. En ese sentido la actitud de Pedro es admirable; pero esa actitud, con todo y basarse en amor al Maestro, va en contra de la voluntad de ese mismo Maestro. Aunque quería defender a Jesús, en realidad estaba minando su ministerio. Pedro está dispuesto a defender a Jesús y serle fiel; pero su misma defensa es en cierto sentido una negación de Jesús. El Maestro está dando muestras de un poder mucho mayor que el de cualquier soldado o alguacil. Al entregarse, Jesús lo hará voluntariamente, después de mostrarles que él tiene poder para resistirles, si así lo deseara.

Al sacar su espada y herir al siervo de Caifás, Pedro se coloca en el mismo plano de los soldados. Si por Pedro fuera, todo terminaría en una lucha armada a ver quién tiene más poder. Eso no resolvería nada, pues si ganaban los soldados, Jesús iría preso y habría perdido la gloria de su entrega voluntaria. Si ganaban los discípulos, el ministerio de Jesús quedaría puesto en duda, y no sería él sino uno más de los muchos rebeldes que abundaban en las montañas.

¿Habrá veces en que los cristianos actuamos de manera semejante? Cuando nos erigimos en defensores de la fe y de Jesús, ¿no le estamos diciendo al mundo que nuestra fe, y hasta el mismo Jesús, necesitan que les defiendan? Al querer dar un testimonio fuerte de tal modo, en realidad debilitamos nuestro testimonio. Aunque parezca ser acción de fe, en realidad la acción de Pedro manifiesta su falta de fe. ¿No hacemos nosotros lo mismo cuando actuamos como si la verdad cristiana dependiera de nosotros o cuando atacamos a los enemigos de Cristo con una saña que da muestras de nuestra propia inseguridad?

ACTÚE: Haga una lista de las cosas que usted puede hacer para fortalecer su compromiso con Jesús y con los valores del evangelio. Ore comprometiéndose a hacer estas cosas, y pidiendo ayuda para cumplir con ese compromiso. De ser posible, comparta sus pensamientos y decisiones con otras personas.

PARA EL ESTUDIO EN GRUPO: Pregúntele al grupo si recuerda desde cuándo Judas se apartó de Jesús y de los demás discípulos. (La respuesta: desde Juan 13:30.) Repase con el grupo algunas de las cosas que Judas no oyó, precisamente porque se había apartado del grupo. Señale que, aunque Judas ya había decidido traicionar a Jesús desde antes, su ausencia en todas estas conversaciones debió haberle hecho la traición mucho más fácil.

Pídale al grupo que haga una lista de cosas que podemos hacer para fortalecer nuestra fidelidad, y asegurarnos de que no traicionaremos a Jesús, como lo hizo Judas.

Undécima semana

Primer día   *Lea* Juan 18:12-14

VEA: Lo que se narra es el arresto de Jesús y los primeros pasos que llevarán a su juicio y crucifixión. Lo que nos interesa notar aquí es quiénes fueron los que participaron en el arresto de Jesús. En el pasaje que estudiamos ayer, Juan nos dijo que entre quienes arrestaron a Jesús, estaba «una compañía de soldados». Aunque eran los romanos quienes tenían soldados en Palestina, esa frase no estaba del todo clara, pues a veces se hablaba de los guardias del templo como soldados. Ahora, sin embargo, Juan menciona al «tribuno». Éste era un cargo romano.

Luego, lo que ha acontecido aquí es que, aunque al principio eran los jefes religiosos de Judea quienes querían destruir a Jesús, ahora de algún modo se las han arreglado para enrolar a los oficiales y al ejército romano. Esto no sería difícil, pues todo lo que tendrían que hacer sería decirles que había un maestro o predicador que se decía ser «el Rey de los judíos». Puesto que darse tal título sería una acción sediciosa contra el poderío romano, los soldados romanos y los oficiales del Imperio se mostrarían dispuestos a colaborar con el sumo sacerdote y los demás líderes religiosos de Jerusalén.

Los alguaciles de los judíos son posiblemente los alguaciles o guardias del templo, cuya función era mantener el orden, principalmente en el templo, pero también en cualquier otra situación en la que el pueblo pudiera quebrantar la ley.

Quienes prenden a Jesús le llevan ante todo a casa de Anás, quien era suegro de Caifás. Este último era el que, a raíz de la resurrección de Lázaro, primero sugirió la necesidad de destruir a Jesús para salvar la nación (vea 11:49-50).

JUZGUE: La razón por la que Caifás pensaba que era necesario destruir a Jesús era el temor de que, al escuchar de este líder que hacía milagros y a quien el pueblo seguía, los romanos intervinieran y le arrebataran al pueblo de Israel la poca libertad y autonomía de que todavía gozaba. En otras palabras, Caifás colocó sus intereses nacionalistas por encima de la verdad y de los principios mismos en que se basaba la nación, que se suponía fuese un pueblo dedicado a servir a Dios en justicia y rectitud.

Hoy también hay quien hace lo mismo. Ante los problemas de la injusticia y las pugnas internacionales, hay quien piensa que su primera lealtad es hacia la nación. Sin embargo, los cristianos sabemos que nuestra primera lealtad es al Dios de todas las naciones. Si surge un conflicto entre nuestro patriotismo y nuestra fe, ¿cuál de los dos ha de ser más importante para nosotros?

Esta cuestión se plantea de un modo particular para los hispanos que vivimos en los Estados Unidos. Por razones de idioma y de cultura, muchas veces tenemos iglesias de habla hispana. Pero a veces en esas iglesias surgen conflictos entre grupos procedentes de diversas nacionalidades. Cada uno de esos grupos quiere dominar la iglesia. El resultado es que muchas personas abandonan la iglesia. En tal caso, quienes participan de tales grupos nacionalistas y exclusivistas, ¿no estarán haciendo algo parecido a lo que hicieron Caifás y los suyos?

ACTÚE: Aplique lo que acabamos de decir a su propia iglesia. ¿Es una iglesia nacionalista limitada a un grupo particular? ¿Está dividida según distintas nacionalidades? ¿Cuántas nacionalidades hay presentes en su iglesia? ¿Qué se hace para que todas las personas se sientan igualmente bienvenidas, y todas participen por igual? ¿Cuál es su participación en esa situación?

Anote sus reflexiones sobre estas cuestiones, y discútalas con otras personas en su iglesia.

Segundo día   *Lea* Juan 18:15-24

VEA: El texto para hoy trata de dos episodios que se encuentran entrelazados. El primero es la negacion de Pedro (es decir, la primera de ellas) y el segundo es el juicio o interrogatorio de Jesús ante el sumo sacerdote.

La primera negación de Pedro tiene lugar a la entrada del patio de la casa de Anás. El Evangelio de Juan nos cuenta que Pedro y otro discípulo, cuyo nombre no se nos dice, seguían a Jesús. Al ver que lo llevaron a la casa de Anás, el otro discípulo, que era conocido del sumo sacerdote, hizo arreglos para que Pedro pudiera entrar con él al patio. A la entrada, la portera le preguntó a Pedro si no era él uno de los discípulos de Jesús, y Pedro lo negó. Por el momento, el evangelista deja a Pedro calentándose junto al fuego con los alguaciles, pues hacía frío. Nosotros también le dejaremos ahí por ahora, puesto que mañana trataremos sobre las otras dos negaciones de Pedro. Hoy centraremos nuestra atención sobre el juicio de Jesús ante el sacerdote Anás.

Entonces tiene lugar el interrogatorio de Jesús en el patio de Anás. Juan llama a quien le interroga «el sumo sacerdote». Quien ocupaba ese cargo a la sazón era Caifás, el yerno de Anás. Pero el versículo 24 indica que quien dirigió el proceso y planteó las preguntas fue su suegro Anás. Lo que sucede es que a veces se acostumbraba seguir llamando «sumo sacerdote» a quien antes lo fue (por ejemplo, hoy hablamos del «Presidente Carter», aunque ya hace años que no lo es). Cuando Juan nos dice que quien interrogó a Jesús fue «el sumo sacerdote», se refiere a Anás, y no estrictamente a quien ocupaba el cargo entonces, Caifás. Es por ello que al final del interrogatorio, Anás manda llevar a Jesús atado ante Caifás.

El Evangelio de Juan nos dice poco del contenido de este interrogatorio en casa de Anás. La razón de esto es que el interrogatorio no era más que una formalidad. Ya Anás, Caifás y los demás líderes religiosos habían decidido que Jesús debía morir. Pero las autoridades judías no tenían derecho a imponer la pena de muerte, y por ello lo que quieren es recopilar las «pruebas» necesarias para acusar a Jesús ante los romanos de haberse proclamado «Rey de los judíos». Tal proclamación sería un acto abierto de sedición, y acarrearía la pena de muerte por parte de las autoridades romanas. Es por eso que Jesús se niega a contestar. Anás no está buscando la verdad, que bien pudo obtener preguntándoles a otras personas, como Jesús le dice. Lo que Anás está buscando es que Jesús diga algo que pueda servir para acusarle ante los romanos.

Cuando el alguacil interviene abofeteando a Jesús, resulta claro que es Jesús quien tiene la razón y el derecho, pues le pide al alguacil que muestre qué mal ha hecho, y le dice además que si no puede mostrarlo, entonces es el alguacil quien ha hecho mal.

A la postre, al parecer porque no sabe qué más hacer con él, Anás envía a Jesús a casa de su yerno Caifás.

JUZGUE: Anás cuestiona a Jesús, no para dilucidar la verdad, sino para cumplir con sus propios propósitos y agenda. Esto nos parece el colmo de la hipocresía y de la injusticia. Pero lo cierto es que muchas veces nosotros hacemos lo mismo, aunque sea en menor grado. Recuerdo los primeros años que estuve en los Estados Unidos y Puerto Rico, exiliado de Cuba. Frecuentemente, cuando una persona acababa de conocerse y se enteraba de que era cubano, lo primero que me preguntaba era acerca de Fidel Castro. Pronto me di cuenta de que la mayoría de esas personas no estaban preguntando en realidad acerca de Fidel Castro, sino que ya tenían su opinión y querían escuchar lo que yo decía, no para aprender algo acerca de Cuba o del gobierno fidelista, sino para aprender algo acerca de mí y para clasificarme.

Lo mismo se hace con mucha frecuencia en la iglesia. Le hacemos una pregunta a una persona, no para descubrir la verdad, sino para descubrir si es «fundamentalista» o «liberal», «carismática» o «fría».

Lo triste es que cuando la conversación desciende a ese plano despersonalizamos a nuestros interlocutores. Y en realidad no nos mostramos dispuestos a escucharles. Ya tenemos en nuestra mente los términos de clasificación. Ahora todo lo que falta es ponerle una etiqueta a esa persona, clasificarla, y si no nos gusta su posición, olvidarnos de él o ella. Tal actitud es la raíz de muchas injusticias, prejuicios y atropellos.

¿No sería mucho mejor que de veras escucháramos a la otra persona, para entablar un verdadero diálogo, y para de veras aprender unos de otros?

ACTÚE: Escriba en su cuaderno una lista de todos los calificativos que recuerde que se usen en su iglesia para clasificar a las personas tales como liberal, fundamentalista, conservador y carismático. Ahora vaya tachando esos calificativos uno por uno, y pidiéndole a Dios que le ayude a conocer de veras a las personas a quienes hemos ocultado tras ellos.

Tercer día   *Lea* Juan 18:25-27

VEA: El versículo 25 continúa la acción donde la dejamos ayer en el versículo 18, tras la primera negación de Pedro. El pasaje sencillamente cuenta las otras dos negaciones, y al fin el canto del gallo.

La negación de Pedro tiene lugar en tres etapas. Primero, Pedro niega a Jesús para poder entrar al patio donde Jesús está. Si cuando la portera le pregunta si él es uno de los discípulos de Jesús, Pedro dice que sí, la portera no le dejará entrar al patio de Anás ni seguir el juicio de Jesús de cerca. En cierto sentido, Pedro niega a Jesús para poder estar con él, para poder ver lo que pasa. Al parecer, sólo Pedro y el discípulo que era conocido de Anás siguieron a Jesús hasta ese punto. Probablemente los demás se desbandaron; pero Pedro tuvo al menos la lealtad de seguir al Maestro desde lejos. En cierta medida por razón de esa misma lealtad, Pedro está dispuesto a negarle para lograr acceso al patio.

La segunda negación tiene lugar en circunstancias distintas. Ya ha pasado el interrogatorio de Jesús y se lo han llevado atado adonde Caifás. Pedro queda en el patio, calentándose junto al fuego. Probablemente está allí porque no tiene adonde ir. Después de todo, el fuego le da el poco consuelo que tiene en una noche tan triste. Entonces alguien le pregunta si él no es uno de los discípulos de Jesús. Por segunda vez, Pedro niega a su Maestro, no ya para entrar al patio y ver lo que sucede, sino para poder quedarse allí junto al fuego sin que le molesten y le asedien con preguntas.

La tercera negación sucede en circunstancias más difíciles. Ahora es un pariente de Malco quien le pregunta si él no es uno de los discípulos de Jesús. Lo que es más, le dice que le parecía haberle visto en el huerto junto a Jesús. Aunque el hombre no lo dice, su pregunta casi parece una acusación de que fue Pedro quien le cortó la oreja al siervo del sumo sacerdote. La acusación es más seria, y las posibles consecuencias peores. Por tercera vez, Pedro niega a su Maestro.

Con una brevedad dramática e impactante, Juan concluye el pasaje: «y en seguida cantó el gallo».

JUZGUE: La importancia que todo esto tiene para nosotros está en que nos sirve de recordatorio de que hay varios niveles en que podemos negar al Señor también. La primera negación casi parece justificarse. Pedro niega a Jesús para poder seguir, aunque sea de lejos, lo que le está sucediendo. En la segunda negación, le niega para conservar su comodidad. Por fin, le niega para evitar consecuencias más serias.

Muchas veces pensamos que si nos encontráramos en una situación dramática, como la de los antiguos mártires, estaríamos dispuestos a dar testimonio firme y valiente de nuestra fe. Nos decimos que en tales circunstancias nos mantendríamos inconmovibles. Empero lo cierto es que las pequeñas negaciones nos van preparando para la gran negación, de tal modo que cuando llega el momento estamos listos a negar nuestra fe sin siquiera darnos cuenta de ello. Entonces algún acontecimiento, como el canto del gallo en el caso de Pedro, nos revela cuán lejos nos hemos extraviado.

El único medio de prepararnos para ser firmes en las grandes decisiones es ser fieles en las pequeñas.

Es posible negar a Jesús de muchas maneras, pero ninguna de ellas es aceptable. ¿No niega a Jesús quien frente a una injusticia prefiere guardar silencio para no buscarse problemas? ¿No le niega quien deja pasar una oportunidad de testificar de él? ¿Qué hay de quien está dispuesto a hacer lo que el jefe le mande, aunque sea injusto, por no perder su trabajo? ¿No ha negado usted nunca a Jesús?

ACTÚE: *Ore:* Señor y Dios nuestro, son tantos los modos en que nos vemos tentados a negar nuestra fe. Las presiones de la sociedad son muchas. No siempre es posible 'salir adelante' al mismo tiempo que permanecemos fieles. Dame la sabiduría para darme cuenta de cuándo mi fe y mi testimonio están siendo amenazados; y dame la fortaleza para permanecer firme. Por Jesús, mi Señor, quien no me negará ante ti. Amén.

Cuarto día   *Lea* Juan 18:28-35

VEA: Juan no nos dice qué sucedió en casa de Caifás. Sí nos dice que de allí llevaron a Jesús al pretorio, es decir, el centro del gobierno romano. Para entender esto, hay que recordar que el Imperio Romano gobernaba sobre la región, de modo que Judea era una provincia romana. Los romanos les daban a sus súbditos cierta medida de autonomía, sobre todo en asuntos religiosos. Así, por ejemplo, los judíos podían tener su Templo y su sumo sacerdote, aunque en fin de cuentas ese sumo sacerdote era también utilizado por el Imperio para ayudar a mantener el orden. Sin embargo, había ciertos límites que el Imperio les imponía a esas autoridades locales. En este caso, los mismos jefes de los judíos le dicen a Pilato que quieren que sea él quien juzgue a Jesús, pues ellos no tienen autoridad para dictar sentencia de muerte.

En este pasaje, llaman la atención los escrúpulos de estos jefes judíos que llevan a Jesús ante Pilato. Quieren mantener su pureza religiosa, pues se acerca la fiesta de la pascua, y si se contaminan con algo impuro no podrán participar en ella. Por esa razón no quieren entrar al pretorio, que es lugar de gentiles y por tanto impuro, y hacen salir a Pilato a entrevistarse con ellos afuera. Por otra parte, están dispuestos a levantar falso testimonio contra Jesús, lo cual ciertamente viola uno de los Diez Mandamientos (Éxodo 20:16). La pureza ritual parece importarles más que la pureza moral.

Otro aspecto del pasaje que llama la atención es la vaguedad de los cargos contra Jesús. Cuando Pilato les pregunta a sus acusadores de qué le acusan, sencillamente le dicen que es un malhechor, y que él debe aceptar la palabra de ellos al respecto. Lo que le preocupa a Pilato es naturalmente la acusación de que Jesús se dice ser «el Rey de los judíos», pues ello sería incitar al pueblo a la rebelión. Es sobre eso que le pregunta a Jesús, quien le contesta con otra pregunta, a saber, si Pilato ha llegado a esa conclusión por sí mismo, o si es sencillamente lo que le han dicho otras personas. Pilato responde a su pregunta con otra pregunta: «¿Soy yo acaso judío?» Con ello quiere decir que él no entiende estas cuestiones entre judíos, y quiere saber qué es lo que Jesús ha hecho que le ha traído a esta situación.

JUZGUE: En este pasaje, llama la atención el contraste entre los escrúpulos de estos líderes religiosos, de no entrar al pretorio para no contaminarse, y su disponibilidad para quebrantar la ley ofreciendo falso testimonio contra Jesús. Lo que ha sucedido en este caso es lo mismo contra lo cual los profetas de Israel advirtieron repetidamente; es decir, la tendencia a colocar el ritual religioso por encima de la justicia y de la verdad. Estos jefes judíos son sinceros, y porque son sinceros se niegan a entrar al pretorio; pero al mismo tiempo tienen su agenda que les permite torcer la ley según su conveniencia.

Pero no hemos de pensar que tales actitudes existían únicamente entre aquellos jefes judíos. Lo mismo se ve frecuentemente en la vida de la iglesia cristiana. Cuando los primeros conquistadores llegaron a estas tierras, algunos insistían en bautizar a las mujeres antes de violarlas, por aquello de «no os unáis en yugo desigual con los incrédulos» (2 Corintios 6:14). Sin llegar a tales extremos, en el día de hoy hay grupos cristianos que insisten mucho en la inspiración literal de la Biblia, pero luego discriminan contra otras personas por motivos de raza. Hay otros grupos que se dedican a defender la «moral cristiana» mediante esfuerzos políticos y legislativos, pero no muestran gran preocupación por los miles de desamparados en las calles, ni por los millones que mueren de hambre alrededor del mundo. Todo esto es muestra de una «religión» que cree que se sirve bien a Dios sin practicar la justicia.

Y, ¿qué de nosotros? ¿Creemos que para servir a Dios basta con asistir a la iglesia? ¿con diezmar? ¿con estudiar la Biblia? ¿Qué necesidades habrá en el mundo a las cuales Dios nos estará llamando para que demos testimonio de su amor y de su justicia?

ACTÚE: Hágase el propósito de discutir esta cuestión con los líderes de su iglesia. Todos juntos, pregúntense: *¿qué puede hacer nuestra iglesia para dar testimonio de que Dios no se interesa únicamente por las cuestiones religiosas, sino por toda la vida de nuestra comunidad?*

Quinto día   *Lea* Juan 18:36-40

VEA: Cuando la discusión pasa al tema de la verdad, Pilato le pregunta a Jesús, «¿Qué es la verdad?» (18:38). Sin esperar respuesta, Pilato sale a discutir de nuevo con los jefes de los judíos que están fuera del pretorio. Les da un informe y veredicto sin sentido, pues se contradice a sí mismo. Por una parte, les dice que no encuentra delito alguno en Jesús. A base de esa informe, parece que no hay por qué condenar a Jesús, y todo lo que Pilato tiene que hacer es dejarle libre.

Por otra parte, Pilato les dice que, si ellos quieren, él les suelta a Jesús, lo cual implica que está también dispuesto a castigarlo si ellos así lo desean. Claramente, lo que Pilato está tratando de hacer es colocar la decisión sobre los hombros de ellos, de igual manera que ellos lo hicieron con él. Los jefes judíos le dicen que prefieren que suelte a Barrabás. Con ello, queda listo el escenario para la crucifixión de Jesús.

JUZGUE: Note que tanto Poncio Pilato como los jefes judíos están usando a Jesús con motivos ulteriores, y que los dos quieren deshacerse de Jesús de tal modo que la responsabilidad por su muerte caiga sobre la otra parte. Tanto los acusadores como Pilato se portan falsamente con Jesús. No que le digan mentiras, sino que le utilizan como instrumento para lograr sus propios fines.

En tales circunstancias la pregunta de Pilato resulta irónicamente aguda: «¿Qué es la verdad?» Al parecer, a Pilato no le interesa realmente encontrarle respuesta a esa pregunta. Lo que está diciendo es más bien que la verdad, o es inalcanzable, o no le interesa.

Para los jefes judíos, hacer lo que la verdad indicaba hubiera significado no solamente mantenerse puros para poder celebrar la pascua, sino mantenerse puros en el sentido más profundo de no levantar contra su prójimo falso testimonio. Para Pilato, decir la verdad hubiera significado declarar abiertamente que Jesús no era culpable de lo que le acusaban. Sin embargo, ni el uno ni los otros dijeron la verdad o hicieron lo que ésta indicaba, sino que se escondieron tras legalismos para salir del paso.

Es en este punto que el texto bíblico tiene especial pertinencia para nosotros. Es muy fácil leer el texto y culpar a los judíos o a Poncio Pilato; pero al seguir ese camino estamos evadiendo nosotros también lo que el texto quiere decirnos, y negándonos a responder a la verdad que nos confronta en Jesús. Si para aquellos judíos hacer la verdad hubiera significado no levantar falso testimonio sobre Jesús, ¿qué querrá decir para nosotros hoy hacer la verdad?

Hacer la verdad es enfrentarnos a ella sin evasiones. Jesús confrontó a sus acusadores y a Poncio Pilato. Jesús nos confronta hoy, ante todo llamándonos a ser sus discípulos. Podemos tratar de evadirle con mil preguntas y hasta con estudios bíblicos. En fin de cuentas, Jesús está ahi entre nosotros, diciéndonos: «yo soy la verdad», y presentándonos un reto ineludible.

Una vez que hemos decidido ser sus discípulos, Jesús nos sigue confrontando con el reto de la verdad. En el mundo de hoy hay muchas falsedades. Por ejemplo, la falsedad de que todo el que quiera puede trabajar y encontrar albergue, cuando lo cierto es que hay un alto índice de desempleo, y hay miles y miles de personas sin abrigo ni albergue. Dejar pasar esa falsedad sin desmentirla y sin tratar de corregirla es lavarnos las manos como Poncio Pilato. Doquiera se maltrata a un hijo o hija de Dios, doquiera se destruye la creación de Dios, hay falsedad. No oponérsele es hacerse partícipe de ella.

ACTÚE: Escriba en su cuaderno: «Falsedad, te conozco». Ahora vaya pensando en la realidad en derredor suyo, para ver dónde hay falsedad. Escriba en su cuaderno unas palabras o unas líneas desenmascarando cada una de esas falsedades que ve. Recuerde que la falsedad no es sólo la mentira y la hipocresía. Es también la injusticia, que se opone a los propósitos de Dios.

Al terminar su lista, escriba en su cuaderno: «Falsedad, doquiera te escondas te delataré». Ore pidiendo fuerzas para hacer lo que acaba de escribir.

Sexto día   *Lea* Juan 19:1-3

VEA: Pilato acaba de decir que no ha hallado crimen alguno en Jesús. Pero ahora, a pesar de ello, le hace azotar. De Poncio Pilato se sabe muy poco. Fue procurador romano de la provincia de Judea desde el año 26 hasta el 36; pero de su vida antes y después prácticamente nada se sabe. Sí hay otros escritores antiguos que tratan sobre este tiempo en que Pilato fue procurador de Judea, y que dicen que fue un hombre cruel con una fuerte inclinación a humillar a los judíos. Las mismas fuentes añaden que el gobernador de Siria, Vitelio, tuvo que refrenarle para que no ofendiera gravemente a los judíos y provocara una rebelión.

Dado lo que sabemos de Poncio Pilato, es probable que haya mandado azotar a Jesús por dos razones. La primera es su propia crueldad, que se gozaba viendo a otra persona sufrir. La segunda es su deseo de humillar a los judíos. Desde el punto de vista romano, los azotes eran una de las formas más humillantes de castigo—tanto, que se decía que la primerísima ley romana era la que prohibía azotar a un ciudadano romano. Aunque los jefes judíos querían que Pilato hiciera crucificar a Jesús, el propio Pilato también se da gusto castigando de un modo humillante a éste que algunas personas decían era el «Rey de los judíos».

A Pilato se unen los soldados romanos. Recuerde que estamos en el pretorio, donde los «buenos» judíos se han negado a entrar por no contaminarse. Luego, todos los presentes, excepto Jesús, son romanos. Los soldados siguen el ejemplo de Pilato, y se burlan de Jesús—y de paso, de todos los judíos, sus sueños y su religión. Le visten con dos símbolos de realeza: la corona de espinas y el manto de púrpura. El simbolismo de la corona no necesita explicación. En cuanto al manto, conviene señalar que el tinte púrpura se obtenía de unos moluscos pequeñísimos, a los cuales había que extraerles la tinta. Por tanto, el tinte mismo era muy costoso, y pronto llegó a ser símbolo de poder y de realeza.

Luego, lo que está aconteciendo dentro del pretorio, mientras los jefes judíos esperan afuera, es una de esas escenas de burla contra personas de otra cultura o tradición que hasta hoy son tan comunes.

JUZGUE: ¿Ha estado usted alguna vez en una situación en la que un grupo de personas se burló de usted porque es hispano o hispana? A veces la burla es sutil—como, por ejemplo, cuando alguien imita su acento al tiempo que dice alguna necedad, o cuando se comenta sobre nuestra supuesta costumbre de siempre llegar tarde. Otras veces es más abierta y hasta violenta. El mismo día que escribo estas palabras, acabo de leer la noticia de una pandilla en Los Ángeles que acorraló y golpeó a unos inmigrantes salvadoreños.

Cuando decimos que Jesús vino para deshacer el poder del pecado, y que por ello sufrió las consecuencias del pecado, muchas veces nos olvidamos que entre esas consecuencias del pecado está el racismo. Jesús sufrió por muchas razones, y fueron muy variadas los que contribuyeron a su sufrimiento. Pero entre esas muchas razones no hay que olvidar el sentimiento de superioridad de estos romanos que se habían hecho dueños de buena parte del mundo conocido, y que por ello se creían superiores al resto de la humanidad.

Lo que esos romanos no sabían—y lo que tampoco parecen haber sabido esos muchachones abusadores de Los Ángeles—es que al condenar a Jesús ellos mismos se condenaban. La supuesta superioridad civilizadora, de que tanto se enorgullecían los romanos y que les servía de excusa y hasta de estímulo para sus burlas, resultaba no ser más que una barbarie revestida de poder. De igual modo, la supuesta superioridad de esos muchachones blancos y de habla inglesa de Los Ángeles quedó desenmascarada por su abuso y su barbarie.

Cuando alguien se burla de nosotros o de nuestra cultura, está demostrando una sola cosa: que no tiene la más mínima razón para creerse superior ni especial—y quizá sí todo lo contrario. Y, si alguna vez nos vemos en tal trance, es bueno que recordemos que ya hubo Uno que pasó por él, y salió victorioso.

ACTÚE: Discuta con otras personas de su comunidad si se sienten discriminadas o marginadas por razón de su idioma, cultura o raza. Discuta con esas mismas personas lo que acabamos de decir acerca de Jesús y los romanos. Invítelas a comparar la actitud de Poncio Pilato y de aquellos soldados con la de las personas que hoy se creen superiores. Recuérdeles que ya Jesús se enfrentó a todo esto, y que él no sólo salió vencedor, sino que nos ha prometido la victoria.

Séptimo día *Lea* Juan 19:4-11

VEA: Después de la burla, Pilato quiere soltar a Jesús. Una cosa es burlarse de un acusado; otra es matarle. Si Pilato no era completamente ingenuo, sabría que Jesus tenía seguidores. El hecho mismo de que algunos de los jefes judíos le acusaban de proclamarse «Rey de los judíos» querría decir que no sería del todo impopular. Luego, Pilato pensaría que matar a este acusado podría crear motines que los romanos fácilmente aplastarían; pero los informes siempre llegarían a Roma y la carrera política de Pilato sufriría.

De hecho, la historia nos dice que eso fue precisamente lo que sucedió unos pocos años más tarde. Hubo una rebelión de galileos y samaritanos, y Poncio Pilato tuvo que acudir a la fuerza bruta para aplastar el disturbio. Al saber lo ocurrido, Vitelio, el gobernador de Siria, acusó a Pilato de haber causado la revuelta mediante su mala administración. Pilato se vio obligado a ir a Roma para dar cuenta de sus acciones. Aunque no se sabe en qué terminó el proceso, el hecho es que nunca regresó a Palestina.

Todo esto es lo que estaba en juego en el juicio de Jesús. Es por ello que Pilato se muestra vacilante, y trata de persuadir a los jefes judíos para dejar ir a Jesús. Pero los jefes judíos no se dejan persuadir, sino todo lo contario. Ellos a su vez le aplican presión a Pilato, quien a la postre acabará haciendo lo que ellos quieren.

JUZGUE: En estos estudios en torno al juicio de Jesús nos enfrentaremos a un tema que raramente se discute en la iglesia: la cuestión de las estructuras de poder en nuestra sociedad y cómo afectan nuestra vida cristiana. En ocasiones nos preguntamos acerca de nuestra responsabilidad para con las personas que están fuera de la iglesia, y hablamos tanto de su necesidad de conocer el evangelio como de sus necesidades físicas. Pero rara vez hablamos de cómo, en el mundo en que nos ha tocado vivir, las personas se relacionan entre sí según ciertas estructuras de poder, y cómo esto afecta nuestras responsabilidades cristianas.

Cuando hablamos de poder, a lo sumo pensamos en la persona o personas que ejercen el poder directamente sobre nosotros. Si hablamos de poder económico, pensamos en el presidente del banco que tiene la hipoteca sobre nuestra casa. Si de poder político, del Presidente y de algunos senadores o congresistas influyentes. Si de poder eclesiástico, de los obispos u otros jefes. Pero lo cierto es que esas personas que nos parecen tan poderosas todas ellas le deben obediencia a toda una red de relaciones—al igual que Pilato, quien en Jerusalén parecería tan poderoso, en Roma no era gran cosa. Conociendo esas circunstancias, lo que estos jefes judíos hacen es aplicarle presión a Pilato, para que haga lo que ellos desean. De hecho, hasta el día de hoy, en eso consiste buena parte de la política: en conocer los intereses, temores, aspiraciones de cada cual y utilizarlos para lograr cierto resultado.

Desafortunadamente, porque no pensamos en esos términos, muchas veces los cristianos ni siquiera entendemos lo que está sucediendo a nuestro derredor. No entendemos, por ejemplo, por qué un alcalde que nos había prometido una cosa acaba haciendo otra, o por qué la opinión de ciertas personas parece tener más peso que la de otras.

Al narrar el juicio de Jesús como lo hace, Juan nos está invitando a tener en cuenta todas esas estructuras de poder, para entonces buscar el modo de ser fieles en un mundo tal.

ACTÚE: Vuelva sobre alguno de los problemas en su barrio o comunidad que consideró en alguno de los estudios anteriores, cuando nos preguntamos cómo podíamos servir a la comunidad. Haga un diagrama señalando las estructuras de poder y de responsabilidad. Por ejemplo, si es un problema de vivienda, y usted pensó que el alcalde era quien podría resolverlo, ponga al alcalde por encima del pueblo. Pero entonces piense en quiénes o qué cosas son las que ayudan a determinar la acción del alcalde. Escriba términos tales como «partido político», «bancos», «gobernadores» o «la prensa».

Ahora desarrolle una estrategia para lograr que se haga lo que usted se había propuesto (en este caso, mejores viviendas para los pobres), utilizando todos esos elementos para lograr que el alcalde o la persona responsable actúe como es debido.

PARA EL ESTUDIO EN GRUPO: Dirija al grupo en el ejercicio que acabamos de describir. Trate de llegar a una estrategia concreta. Trate de que el grupo se comprometa a seguirla. En tal caso, ayude al grupo a empezar a distribuir responsabilidades.

Ron Benedict: *La corona de espinas*

Duodécima semana

Primer día _Lea_ Juan 19:12-16

VEA: Continúa el juicio de Jesús ante Pilato. Aun en el movimiento de la acción, Juan nos dibuja a un Pilato vacilante, que entra y sale del pretorio repetidamente, y les da a los principales sacerdotes y sus acompañantes una voz que no deberían tener en un juicio romano. Pilato entra y sale, habla con Jesús, y luego con los sacerdotes. Vuelve a entrar y salir, y así continúa la acción.

Ahora llegamos por fin al desenlace del juicio. Los sacerdotes y sus acompañantes se han dado cuenta de que Pilato está pensando en soltar a Jesús, y le amenazan sutilmente en nombre de César, el emperador romano: «Si a éste sueltas, no eres amigo de César; todo el que se hace rey, a César se opone».

Pilato sale entonces del pretorio por última vez; se sienta en el tribunal afuera; y les dice a los sacerdotes, con algo de sarcasmo: «¡He aquí vuestro Rey!» Al parecer, la burla no es sólo contra Jesús, sino también contra los sacerdotes, mofándose de que este hombre pueda perturbarles tanto. Los sacerdotes y sus acompañantes no toman el sarcasmo contra sí, sino que insisten: «¡crucifícale!» Cuando Pilato insiste en llamar a Jesús «Rey», ellos le contestan, «No tenemos más rey que César».

Con esto Pilato accede por fin a que Jesús sea crucificado, y se lo entrega a los sacerdotes y alguaciles con ese propósito.

JUZGUE: La actitud de los jefes judíos es vergonzosa, no solamente por la injusticia enorme que cometen, sino también por el modo en que hacen uso del poder extranjero contra uno de los suyos. Después de todo, Jesús es judío como ellos. Aunque no estén de acuerdo con sus enseñanzas y muchas de sus actitudes, Jesús comparte con ellos la misma historia y la misma fe de Israel. Es «hijo de Abraham» como ellos. Empero su enemistad contra Jesús es tal que se olvidan de que el verdadero invasor es el Imperio Romano, y usan de ese imperio para destruir a Jesús. A la postre, los jefes religiosos de un pueblo que debió haber dicho «No tenemos más rey que Dios», acaban diciendo, «No tenemos más rey que César».

Es importante recordar que éste no fue un incidente aislado, y que a la postre esas actitudes por parte de los jefes religiosos llevaron a una gran rebelión y a la destrucción de Jerusalén y su Templo.

Varias veces, en distintas iglesias y denominaciones, he visto algo parecido. Un líder latino empieza a descollar, pero tiene conflictos con otros líderes latinos. Entonces, en lugar de resolver esas diferencias entre ellos, se van a los líderes de la denominación de la cultura dominante, a quienes ponen por jueces entre ellos. No importa quién gane, a la postre quien pierde es la iglesia latina, pues el resto de la iglesia piensa que no tenemos líderes dignos, y que no sabemos resolver nuestros propios asuntos. (Lo que es más, he conocido situaciones en las que los líderes latinos pasan tanto tiempo tratando de ganar las simpatías de los líderes anglos, que el trabajo de la iglesia sufre.)

En otros casos, cuando a algún miembro de la iglesia no le gusta algo que hace el pastor o la pastora, en lugar de tratar de resolverlo dentro de la congregación misma, y en conversaciones con la pastora o el pastor, va corriendo a las autoridades de fuera, como si nosotros no pudiéramos manejar nuestros propios asuntos.

¿No será hora de empezar a valorar lo nuestro? Para hacerlo, hay al menos dos pasos importantes. El primero es valorar nuestros propios líderes, y no dejarnos llevar por el racismo dominante en nuestra sociedad. El segundo es, cuando haya algún problema, tener la confianza de que podemos resolverlo sin acudir inmediatamente a autoridades de fuera, cuya intervención bien puede traer otras consecuencias.

ACTÚE: Haga dos listas de líderes hispanos. La primera debe ser una lista de esos líderes en su propia congregación. La segunda será una lista de líderes al nivel denominacional (o en otras denominaciones). Ore por esas personas. Pida que surjan nuevos líderes.

❧⟡❧

Segundo día   *Lea* Juan 19:17-22

VEA: Llegamos por fin al momento de la Crucifixión. Con poquísimas palabras Juan narra este evento de los siglos. En el versículo 17 cuenta todo el camino de Jesús cargando la cruz; y en el siguiente dice que «allí le crucificaron, y con él a otros dos, uno a cada lado, y Jesús en medio». La brevedad misma hace la narración tanto más dramática.

Es aquí que aparece el detalle del rótulo o título que Pilato mandó poner sobre la cruz. Era un rótulo en tres idiomas: hebreo, griego y latín, que decía «JESÚS NAZARENO, REY DE LOS JUDÍOS».

Los principales sacerdotes de los judíos quieren que Pilato aclare que Jesús no es verdaderamente «Rey de los judíos», sino que fue él quien se dio ese título. Naturalmente, les molesta la ironía del título, que ahora parece una burla contra todos los judíos. Y posiblemente les moleste también el recordatorio de que había muchas personas en Judea que no estaban contentas con su autoridad ni con la de los romanos, y verdaderamente esperaban un rey de los judíos que viniera a liberarles.

Pero su protesta es en vano. Pilato, que antes les dio participación en el juicio contra Jesús, ahora afirma su autoridad romana. Ellos no tienen voz ni voto en este asunto. Lo que el representante de Roma escribió, eso es lo que ha de constar. Después de todo, la crucifixión es un castigo romano, y a Roma le corresponde el derecho de determinar cómo ha de tener lugar.

JUZGUE: Con mucha frecuencia se ha dicho que fueron los judíos quienes crucificaron a Jesús. Pero esto no es cierto. La verdad es que fueron los principales sacerdotes y sus ayudantes quienes le acusaron ante los romanos; pero fueron los romanos quienes de hecho le crucificaron. Y cuando los mismos principales sacerdotes quisieron intervenir en el modo en que se crucificaba a Jesús, Pilato les recordó que se trataba de una ejecución romana, y que era él quien tenía autoridad.

Lo que ha sucedido después en la historia es que los judíos fueron esparcidos por toda la tierra, mientras que el Imperio Romano continuó por muchísimos años, y acabó por hacerse cristiano. Ahora que el Imperio era cristiano, no convenía recordar que fueron las autoridades y los soldados romanos quienes crucificaron a Jesús. Por tanto, resultó conveniente echarles la culpa a los judíos, y hasta llegar a llamarles «deicidas»—es decir, personas que habían matado a Dios. En base a esa falsedad, se han desatado a través de los siglos muchas persecuciones y crueldades contra los judíos. Mientras tanto, del papel de los romanos en la Crucifixión nadie se acuerda.

La historia frecuentemente se tuerce para ocultar la maldad o los errores de los poderosos, y para ocultar los logros de los débiles. Por ello, es de especial importancia el que usted y otras personas conozcan y recuperen la historia de nuestra iglesia latina, pues si nosotros no lo hacemos nadie lo hará.

ACTÚE: Hable con otras personas de su iglesia, para empezar a recuperar y a escribir la historia de su iglesia. Esto puede hacerse de varias maneras: recopilar actas, fotografías y otros documentos; grabar en cintas conversaciones con los miembros más ancianos de la iglesia y preguntarles lo que recuerden de los años idos; escribir y distribuir entre los miembros lo que se vaya averiguando.

Tercer día   *Lea* Juan 19:23-30

VEA: Continúa la escena de la Crucifixión. Note que quienes crucificaron a Jesús fueron «los soldados»; es decir, lo romanos. Éstos fueron los que tomaron sus vestidos por despojos y echaron suertes sobre la túnica de Jesús, que por ser de una sola pieza no podía repartirse entre cuatro. (En muchos casos en que había que custodiar a algún prisionero o realizar cualquier tarea, se le asignaba esa obligación a un grupo de cuatro soldados. Fue una de esas cuadrillas la que crucificó a Jesús por orden de Poncio Pilato, y a instancias de los principales sacerdotes de Jerusalén.)

Sigue entonces la escena en la que Juan habla de los únicos de entre todos los discípulos y allegados de Jesús que le acompañaron al pie de la cruz: las mujeres y el «discípulo a quien él amaba»—probablemente Juan. Desde la cruz misma, Jesús establece una nueva relación entre su propia madre y este discípulo: «Mujer, he ahí tu hijo». Y al discípulo: «He ahí tu madre».

Luego le dan vinagre a beber, y Jesús declara por fin, «Consumado es» y muere.

JUZGUE: Mucho podría decirse, y se ha dicho y escrito, sobre estos versículos. Pero centremos nuestra atención sobre lo que Jesús les dice a María y a Juan. Esto es señal del interés de Jesús por su madre, que ha de quedar desamparada. Pero es más. Estas palabras desde la cruz nos recuerdan que en Cristo hay una nueva relación que podría llamarse familiar, pero que va más allá de los vínculos naturales de familia. El mismo Jesús que hace que María y Juan sean madre e hijo, hace que todas las personas que creemos en él seamos hermanos y hermanas.

Éste es un título que usamos con harta frecuencia, sin siquiera pensar en lo que quiere decir. Así nos referimos al «hermano fulano» o la «hermana sutana». Pero si nos detenemos a pensarlo, veremos que esas palabras tienen un impacto enorme. En Jesús, somos verdaderamente hermanas y hermanos.

Como en cualquier familia, esto no quiere decir que todos los miembros nos «caigan bien». Pero, al igual que en cualquier familia, no podemos deshacernos de quienes nos «caen mal». En la familia carnal, si mi tío o mi prima no me gustan, no tengo remedio; siguen siendo mi tío y mi prima. De igual manera, en la familia de la fe, no somos nosotros quienes escogemos a nuestros hermanos y hermanas, sino que es Jesús. En el bautismo, somos hechos hermanos y hermanas unos de otros, no porque así lo querramos, o porque sea agradable, sino porque tal es la familia de Dios, de la cual ahora formamos parte.

En nuestras iglesias hay muchas personas que no tienen familia carnal o cuyas familias carnales están lejos. Hay refugiados que han venido de países en que había dictaduras o guerra civil. Hay personas que han venido en busca de trabajo para poder sostener a una familia que ha quedado detrás. Hay personas ancianas, la mayoría de cuyos parientes han muerto. Si la iglesia es la familia de Dios, hemos de prestarles especial interés a tales personas, para que entre nosotros encuentren el amor y el calor de una familia.

ACTÚE: Hágase el propósito de invitar a su casa a alguien de su iglesia que no tenga parientes cercanos en la comunidad. Hable con otros miembros de la iglesia, para que su iglesia sea un lugar donde las personas que se encuentran aisladas o solas puedan sentirse como en familia.

Cuarto día   *Lea* Juan 19:31-37

VEA: El texto sigue contando lo que sucedió con el cuerpo de Jesús. Normalmente, una persona crucificada quedaba colgando del madero hasta que moría; o a veces, hasta que los cuervos y otras aves de rapiña consumían el cadáver. En este caso, por aproximarse la pascua, los jefes religiosos judíos le pidieron a Pilato que se quitara a los tres reos de las cruces y se les quebraran las piernas. Aunque lo que esto significa no está claro, lo más probable es que se les quebraran las piernas para que no pudieran irse del lugar, y allí murieran de hambre y de sed, como se esperaba de toda persona crucificada.

La pascua era la gran fiesta en que se celebraba la liberación de Israel del yugo de Egipto. Lo que se celebraba era especialmente el modo en que el ángel del Señor había herido a Egipto en sus primogénitos, pero no había traído muerte a las casas de los israelitas, que habían untado los marcos de sus puertas con la sangre de un cordero (Éxodo 12:21-33). Sin lugar a dudas, era la fiesta religiosa más importante entre los judíos.

Es por eso que los jefes religiosos judíos que querían que Jesús fuera crucificado, no entraron en casa de Pilato. Para celebrar la pascua, tendrían que ser puros, y su contacto con un gentil como Pilato podría mancillarles. Es por la misma razón que ahora esos jefes le piden a Pilato que quite los cuerpos de las cruces. No debía celebrarse la fiesta más solemne del año con tres personas colgando de otras tantas cruces en una colina al borde de la ciudad.

Así, pues, los soldados van por orden de Pilato y les quiebran las piernas a los otros dos reos. Pero al llegar a Jesús, ven que ya está muerto. Posiblemente sea para corroborar ese hecho que uno de los soldados le abre el costado con una lanza, para ver si Jesús reacciona.

Es entonces que Juan nos dice que del costado de Jesús salió sangre y agua. La iglesia antigua vio en el agua y la sangre que salieron del costado de Jesús tanto la base del bautismo (el agua) como de la comunión (la sangre).

JUZGUE: Piense en la religiosidad con que las mismas personas que buscaron la crucifixión de Jesús se comportaron en otros aspectos. La ironía del texto resulta clara cuando lo examinamos desde esa perspectiva. Fueron precisamente los jefes religiosos de Israel los que conspiraron para darle muerte a Jesús. Después de su muerte, son ellos los que, por motivos religiosos, se ocupan de que se le baje de la cruz. No lo hacen por sentimientos humanos ni religiosos hacia Jesús, sino porque están preocupados por cumplir con sus obligaciones religiosas. Por eso, le piden a Pilato que los cuerpos de los crucificados sean quitados de la cruz antes de que llegue la fiesta solemne. Éstos son los mismos jefes religiosos que llevaron a Jesús a casa de Pilato, pero no entraron para no contaminarse con un gentil. Estaban dispuestos a utilizar al gentil para hacer su «trabajo sucio», pero no a compartir con él en la suciedad del trabajo.

Lo que es más, nada hay en el texto que nos indique que se trataba de personas insinceras. Al contrario, fue por convicción de que defendían al pueblo que conspiraron contra Jesús. Fue por convicción que hicieron quitar a los crucificados de sus cruces.

Esto es de suma importancia para nosotros, pues la tentación constante de los cristianos es ocuparnos tanto de nuestras observancias y leyes religiosas que nos olvidamos de su verdadero sentido. Cuando tal hacemos, aunque creamos servir a Dios, en realidad estamos obrando contra los designios divinos.

Hay casos concretos que podrían citarse. En una ciudad de los Estados Unidos, una bella y próspera iglesia se niega a ofrecer sus edificios como albergue para quienes no lo tienen. Usan como pretexto que los edificios han sido construidos para la gloria de Dios, y que hospedar en ellos a personas sucias y malolientes sería profanarlos. En otra iglesia se crea una agria discusión porque alguien movió la mesa de comunión. Cada vez que llega la ocasión de celebrar la Cena del Señor, los participantes se miran con mala cara. En toda una denominación cristiana, los que deberían llamarse y de hecho son hermanos y hermanas intercambian insultos y se atropellan unos a otros porque no concuerdan en la interpretación de las Escrituras.

En tales casos, ¿qué nos distingue de aquellos jefes religiosos judíos que estuvieron dispuestos a hacer crucificar a Jesús, y al mismo tiempo trataron de cumplir los preceptos religiosos negándose a entrar en casa de Pilato y haciendo que los crucificados fueran quitados de sus cruces? No basta con la sinceridad. También hay que entregar nuestra voluntad al amor de Dios para que Dios la haga más amorosa.

ACTÚE: *Ore:* Enséñame, Señor, a distinguir entre la religiosidad falsa y destructora, y la verdadera religión que tú deseas de tu pueblo. Líbrame de hipocresía, tú Dios de la verdad. Líbrame del odio, tú Dios de amor. Líbrame de cometer injusticia, tú Dios justo. En el nombre de Jesús, la verdad amante y justa hecha carne. Amén.

∽◦●◦∽

Quinto día   *Lea* Juan 19:38-42

VEA: José de Arimatea y Nicodemo, dos discípulos de Jesús que al mismo tiempo eran personas de las clases más altas, se ocuparon de la sepultura del Maestro. José de Arimatea le pidió a Poncio Pilato que le permitiera enterrar a Jesús, lo cual el romano le concedió. Esto no tiene nada de extraño, pues como hemos visto Pilato se mostraba indiferente a toda la cuestión, y lo que quería era sencillamente evitarse problemas.

Nicodemo, por su parte, tenía un compuesto de mirra y de áloes, que era lo que usaban los judíos para enterrar a sus muertos—particularmente aquéllos cuyos parientes podían pagar el costo, que era relativamente alto.

Envuelto en lienzos con esas especias aromáticas, José y Nicodemo enterraron a Jesús en un sepulcro cercano que no había sido usado. El texto termina explicándonos que todo esto se hizo así porque se acercaba la pascua de los judíos. Por eso era necesario quitar a Jesús de la cruz y enterrarlo antes del día solemne.

JUZGUE: Recuerde que para los judíos, los cadáveres eran inmundos, y que quien tocaba un cadáver también quedaba inmundo por algún tiempo. Recordando esto, nos damos cuenta de la importancia del acto caritativo de José de Arimatea y de Nicodemo. Al tocar el cadáver de Jesús, quedarían inmundos, y por tanto no podrían celebrar la pascua con el resto de los judíos. Su acción les apartaría de sus familias y del resto de la sociedad, al menos hasta que pudieran purificarse. Ya para entonces habría pasado la fiesta. Para cualquier judío que no simpatizara con las enseñanzas de Jesús, José de Arimatea y Nicodemo serían desde entonces personas irrespetuosas de la religión, herejes, incrédulos o subversivos. Sin embargo, estos dos, incluso Nicodemo, que era uno de los principales de su sinagoga, se atreven a recibir el desprecio de sus compatriotas y correligionarios para sepultar a Jesús. Desde el punto de vista de las personas religiosas de su tiempo, lo que hicieron José de Arimatea y Nicodemo no era muy religioso.

El domingo, cuando vayamos camino a la iglesia, veremos a muchas personas que al parecer no tienen la menor idea de la importancia de ese día. Algunos irán camino de la playa o a pasear por el parque. Otros estarán cortando la grama en sus patios. Otros estarán tomando el sol. Es muy fácil condenarles. ¡Después de todo lo que Jesús hizo por nosotros! Pero, ¿será ese rechazo lo que debemos hacer? ¿Podremos mostrarles al amor de Cristo, de modo que algún día quieran venir con nosotros a la iglesia?

Suponga que un vecino que tiene tales costumbres se enferma y no tiene quien le cuide el domingo. ¿Estará bien ofrecernos a cuidarle, aunque eso quiera decir que no podremos asistir al culto?

ACTÚE: Repita la oración de ayer. De ser posible, discuta sus reflexiones con otra persona.

Sexto día   *Lea* Juan 20:1-2

VEA: El texto empieza diciéndonos que estos acontecimientos tuvieron lugar «el primer día de la semana». La razón por la cual desde muy temprano los cristianos empezaron a reunirse el primer día de la semana fue precisamente para celebrar la resurrección de su Señor.

La principal protagonista de estos dos versículos es María Magdalena. Ésta es una persona de la cual se ha dicho, pensado y escrito mucho, sin tener en cuenta lo que las Escrituras dicen de ella. En la mente popular, María es una prostituta a quien Jesús perdonó, y que decidió seguirle porque Jesús le había mostrado el amor que la sociedad le negaba. A veces se le confunde con la mujer tomada en adulterio, o con la mujer pecadora que ungió los pies de Jesús con sus lágrimas (Lucas 7:36-50).

Pero todo eso es falso. De hecho, la mejor indicación de quién era María Magdalena se encuentra en Lucas 8:1-3, donde se habla de unas mujeres que seguían a Jesús. Estas mujeres no eran pobres, sino que eran ellas quienes costeaban los gastos del grupo—pues esto es lo que quiere decir la frase «le servían de sus bienes» (Lucas 8:3). Luego, María Magdalena, lejos de ser una prostituta arrepentida, era una mujer cuyos recursos económicos le permitían seguir a Jesús, y ayudar a cubrir los gastos del grupo.

Lo que sí es cierto es que Jesús la había sanado de una seria enfermedad, pues tenía «siete demonios». Mas la Biblia no dice que fueran demonios de inmoralidad, como a menudo se supone.

María era una mujer de Magdala, que era una aldea junto al Mar de Galilea famosa por su buena pesca y su producción de pescado salado. Luego, era galilea como Jesús y la mayoría de sus discípulos. Además, cuando todos los discípulos varones, excepto uno, huyeron o se escondieron, María de Magdala fue una de las mujeres que acompañaron a Jesús al pie de la cruz.

Ahora la vemos llegar al sepulcro, temprano de mañana, y encontrar que alguien ha quitado la piedra que cubría la entrada a la tumba. Sale entonces corriendo, desconsolada, para decirles a Pedro y a Juan que se han llevado el cuerpo de su Señor, y no sabe qué han hecho con él.

JUZGUE: La referencia al «primer día de la semana» es importante. Recuerde que, según el Génesis, Dios hizo el mundo en seis días, y el séptimo descansó. Luego, el principio de cada semana es símbolo o recordatorio del inicio de la creación misma. El primer día de la semana, el domingo, es el día de la resurrección del Señor. Es el día del comienzo de la nueva creación. Por eso es que algunos de los más antiguos bautisterios cristianos tienen forma octogonal: sus ocho lados simbolizan los siete días de la Creación y el inicio de la nueva creación, de la cual la persona bautizada se hace ahora partícipe.

En todo caso, es el primer día de la semana cuando, tan de mañana que todavía es de noche, María de Magdala va a la tumba del Señor. Va triste y desconsolada, pues el Señor que la sanó de los siete demonios que habían poseído su vida, y a quien ella ha seguido desde Galilea, ha muerto. No sólo ha muerto, sino que ha sufrido la muerte ignominiosa de un malhechor, y ha muerto abandonado por casi todos sus seguidores. Ahora María va a la tumba, posiblemente para despedirse por última vez del Maestro a quien siguió hasta Jerusalén, y para entonces regresar a Magdala y tratar de reconstruir su vida.

Llega entonces al sepulcro, y ve que alguien ha quitado la piedra que cubría la entrada. Tiene la oportunidad de ser ella el primer testigo de la Resurrección (oportunidad que volverá a tener más adelante, y entonces sí aprovechará). Pero en lugar de recibir el gozo del milagro, sale corriendo, todavía más desconsolada que antes, porque piensa que se han robado el cuerpo de su Señor. A todas las amarguras e ignominias de los últimos días, parece ahora que se ha añadido otra más.

JUZGUE: Sería fácil culpar a María de Magdala por no adivinar, al ver la tumba abierta, que es su Señor quien ha salido de ella, y que no es que se han robado su cuerpo. Lo cierto es que también a nosotros se nos hace difícil ver y celebrar los milagros de Dios.

En cierto modo, desde el día de la resurrección, toda la iglesia sigue viviendo en «el primer día de la semana»; es decir, en el día de la resurrección del Maestro. Vivimos en los albores de la nueva creación, esperando su consumación. Y en este día, si tan sólo miramos en derredor nuestro con ojos de fe, veremos milagros en abundancia. Veremos a Dios forjando su nueva creación. Veremos la mano de Dios tomando el polvo de algún pecador y dándole nueva forma, y soplando sobre él aliento de nueva vida, como en aquella primera creación. Oiremos la voz de Dios pronunciando sobre algún creyente confuso y sumido en dudas, «sea la luz»; y veremos al creyente en cuestión iluminado por la luz de Dios, viendo nuevas realidades, soñando nuevos sueños. Veremos por todas partes tumbas vacías de donde se levantó alguna persona que estaba muerta en sus pecados. Veremos un nuevo amanecer, el comienzo de una nueva semana, el albor de una nueva creación.

Pero no. Estamos tan ensimismados en nuestras propias preocupaciones que no le dejamos lugar a Dios para que actúe. Si vemos una tumba vacía, en lugar de pensar en la posibilidad de un milagro, lo único que se nos ocurre pensar es que alguien ha cometido un sacrilegio.

Por muy oscuro que parezca, es el amanecer del «primer día de la semana», de la nueva creación. Celebrémoslo con fe, y por todas partes veremos la mano creadora de Dios, y las tumbas vacías que son señal de esa nueva creación.

ACTÚE: Repase los hechos de la semana pasada. ¿Dónde ha estado Dios actuando en ellos? Piense no solamente en su propia vida, sino en las vidas de otras personas y en los acontecimientos nacionales y mundiales. Escriba una oración de gratitud a Dios por las señales de la nueva creación que puede ver usted ahora mismo. Trate de que su oración incluya algunas cosas específicas. Considere la posibilidad de dar un testimonio en la iglesia o en algún grupo de la iglesia.

Séptimo día   *Lea* Juan 20:3-10

VEA: Pedro y el otro discípulo (que con toda probabilidad es Juan) van corriendo a la tumba. El evangelista no nos dice si van corriendo con esperanza o con dudas. Nosotros, que sabemos que el Señor ha resucitado, tendemos a leer la historia como si ya los dos discípulos, al escuchar lo que María de Magdala les dice, no tuvieran más que llegar a la tumba para confirmar el hecho de la resurrección de Jesús. Pero no es así. Los discípulos van corriendo sencillamente para ver lo que María les ha dicho, y para formar su propia opinión.

Juan, posiblemente más joven y ágil que Pedro, llega primero a la tumba y se asoma a ella, pero no baja. Es Pedro, más impulsivo, quien entra en la tumba y ve que el cuerpo no está allí. Note que el Evangelio no dice que Pedro creyera. Sencillamente vio la tumba vacía y los lienzos y el sudario. Es entonces que entra Juan y, al ver lo mismo que Pedro, cree.

El evangelista explica en el versículo 9 que todavía «no habían entendido la Escritura, que era necesario que él resucitase de los muertos». Aparentemente es por eso que Pedro, aunque ve lo mismo que Juan, todavía no cree.

Salidos del sepulcro, los dos discípulos van «a los suyos»; es decir, adonde estaban otros discípulos.

JUZGUE: En estos dos discípulos tenemos otras dos reacciones ante el sepulcro vacío. De Pedro se nos dice que descendió al sepulcro y que vio lo mismo que Juan; pero no se dice una palabra en el sentido de que creyera. De Juan, sin embargo, sí se nos dice que al ver, creyó.

A veces pensamos que, si viéramos algún gran milagro, entonces sí creeríamos. Pero lo cierto es que la verdadera fe no necesita de milagros, y que cualquier milagro, por grande que sea, siempre se puede explicar por quien no tiene fe.

Hasta este momento en la narración del Evangelio de Juan, tres personas han visto la tumba vacía. Una de ellas, María Magdalena, pensó que se habían robado el cuerpo de Jesús. Otra, Pedro, no se sabe lo que pensó; pero no se nos dice que creyera. La tercera persona, Juan, sí creyó.

Quizá en algunas personas la fe viene como resultado de ver algún milagro. Pero también es cierto que el hecho mismo de ver el milagro es señal de fe. Pretender que, si viéramos algún gran milagro, entonces sí creeríamos, no es más que una excusa para nuestra falta de fe.

La principal razón para la falta de fe es la falta de compromiso o el miedo al compromiso. Más adelante veremos que los discípulos seguían con miedo. Posiblemente María Magdalena no se atreve a creer porque ya ha sufrido bastantes decepciones, y no se atreve a afrontar una más. Pedro negó al Maestro tres veces, y ahora, antes de afirmarle, quiere estar más que seguro. Para cualquier persona, tener fe y actuar a base de la fe implica un compromiso y un riesgo.

Sabemos, por ejemplo, que si de veras tenemos fe, tendremos que reorganizar el modo en que empleamos nuestro tiempo. Y, puesto que no estamos dispuestos a hacer eso, no tenemos fe. Sabemos que si tuviéramos más fe, tendríamos que revisar nuestras finanzas, y lo que hacemos con nuestro dinero y nuestros bienes. Y, puesto que preferimos el modo en que actualmente manejamos nuestros asuntos económicos, no tenemos fe. Entonces, para tener alguna excusa, decimos que lo que pasa es que no hemos visto algún milagro o señal tan grande que nos obligue a creer. Pero lo cierto es que no creemos porque no queremos; y no queremos, porque no nos atrevemos.

ACTÚE: Ahora que vamos acercándonos al final de TRES MESES EN LA ESCUELA DE JUAN, es un buen momento para pasar del estudio al compromiso. Tome su cuaderno de reflexiones. Repase lo que ha escrito en él, especialmente las resoluciones que ha tomado. ¿Las ha cumplido?

Escriba lo siguiente en su cuaderno de reflexiones:

«Tengo miedo de tener más fe, porque si yo tuviera más fe, lo que tendría que hacer sería ____.»

Complete la oración. Ore pidiendo más fe. Considere la posibilidad de hacer precisamente lo que acaba de escribir.

PARA EL ESTUDIO EN GRUPO: Pídales a tres personas que representen a María Magdalena (antes de lo que se nos cuenta a partir del versículo 11), a Pedro y a Juan. Siénteles en el medio del salón y pídales que discutan cómo es que interpretan lo que han visto.

Terminada esa discusión entre esas tres personas, incluya al resto del grupo en una conversación acerca de por qué tenemos o no tenemos fe.

Keith Neely: *La incredulidad de Tomás*

Decimotercera semana

Primer día   _Lea_ Juan 20:11-18

VEA: Volvemos ahora a María Magdalena, de quien no habíamos oído más desde que corrió a darles la noticia a Pedro y al otro discípulo (probablemente Juan) de que se habían llevado el cuerpo del Señor. Ahora se nos dice que volvió al sepulcro. Puesto que Pedro y Juan corrieron al sepulcro, y después de encontrarlo vacío volvieron a los suyos, lo que se nos da a entender es que María Magdalena, más lenta que los otros dos, llegó de regreso al sepulcro después que ellos se habían ido.

Ahora está llorando junto al sepulcro. Aparentemente llora tanto la muerte de Jesús como la desaparición de su cuerpo. Por fin se anima a mirar dentro del sepulcro, y ve a dos ángeles con vestiduras blancas. Esto no quiere decir necesariamente seres alados, como hoy pensamos de los ángeles, sino quiere decir «dos mensajeros de Dios». Éstos le preguntan a María por qué llora, y ella les dice que llora la desaparición del cuerpo de Jesús: «Porque se han llevado a mi Señor, y no sé dónde le han puesto».

Es entonces que María se vuelve y ve que hay alguien junto a ella, pero no le reconoce por Jesús, sino que piensa que es el hortelano, quien quizá ha escondido el cadáver. Jesús la llama por nombre, y por fin María reconoce a su Maestro.

La frase que nuestra Biblia traduce por «No me toques» podría traducirse más bien por «Suéltame». El «no me toques» viene de la traducción al latín, _nolli me tangere_. Pero lo que el griego parece dar a entender es que María está abrazada a su Señor, a quien daba por muerto, y no quiere dejarle ir. Empero Jesús le advierte que tiene que ir al Padre, y le da instrucciones a María para que vaya y se lo cuente a los otros discípulos.

El pasaje termina diciéndonos que en efecto María fue a darles las buenas nuevas de la Resurrección a los discípulos, y a comunicarles el mensaje de Jesús, que iba a ascender ahora al Padre.

JUZGUE: Si las buenas nuevas del evangelio son que Jesús es vencedor de la muerte, que está junto al Padre y que allí está esperando para darnos también la victoria sobre la muerte, Juan nos dice que la primera persona comisionada para predicar el evangelio fue María Magdalena. Ya antes Pedro y Juan habían salido de la tumba en busca de los suyos, para contarles lo que habían visto. Pero lo que habían visto no era más que una tumba vacía (en lo cual también María les llevaba la delantera); y, aunque Juan creía, lo que Pedro pensaba no está del todo claro. Fue María la primera comisionada con las buenas nuevas, y comisionada nada menos que por Jesús.

Esto echa por tierra todos los argumentos y los prejuicios de quienes dicen que el ministerio de proclamar el evangelio ha de reservarse únicamente para los varones.

¿A qué cree usted que se deben esos prejuicios? ¿Cuánto habrá perdido la iglesia por no haberles permitido a las mujeres servir con todos sus talentos y capacidades?

ACTÚE: Si es usted mujer, considere la posibilidad de que Dios le esté llamando a un ministerio más amplio. Si es usted varón, haga una lista de cosas que usted puede hacer para apoyar el ministerio de las mujeres. Sea usted varón o mujer, mire en derredor suyo, al resto de su iglesia o comunidad de fe, considerando la posibilidad de que Dios esté llamando a alguna mujer al ministerio pastoral o a alguna otra clase de ministerio. Si le parece que hay tal persona, ore al respecto. Si llega al convencimiento de que debe hacerlo, hable directamente con ella.

Segundo día   *Lea* Juan 20:19-23

VEA: Estamos todavía en ese día milagroso, el primero de la semana, día de la resurrección de nuestro Señor. Los discípulos están reunidos en un sitio que Juan no especifica, aunque a menudo se ha pensado que es el mismo aposento alto donde celebró la última cena y donde, según otros pasajes del Nuevo Testamento, los discípulos continuaron congregándose.

En todo caso, tienen las puertas cerradas «por miedo a los judíos». No olvide que ellos mismos eran judíos. Luego, los judíos aquí son esos mismos líderes religiosos de Judea que se confabularon para darle muerte a Jesús, y que por fin lograron su propósito. Era de suponerse que los mismos sacerdotes y alguaciles que insistieron en que Pilato le diera muerte a Jesús, ahora tratarían de asegurarse de que el movimiento de estos galileos fuera extirpado de raíz. El hecho de que los discípulos de Jesús se habían vuelto a reunir no sería bien visto por tales judíos. Es por miedo a ellos, y como precaución, que los discípulos se reúnen a puertas cerradas.

Pero las puertas cerradas no son obstáculo al Señor resucitado, que se aparece en medio de ellos y les saluda: «Paz a vosotros». Su cuerpo tiene todavía las marcas de la cruz, que Jesús se las muestra a los discípulos. Si se las muestra a manera de prueba, o por otra razón, el texto no dice.

Viene entonces la comisión de Jesús a estos discípulos: «Como me envió el Padre, así también yo os envío». Esa comisión no es fácil, y es como fuente de poder para ella que les dice: «Recibid el Espíritu Santo». Y les da autoridad para perdonar pecados o para no perdonarlos.

JUZGUE: Hay mucho que podría decirse sobre este pasaje. Pero note que el pasaje comienza con los discípulos encerrados por miedo, y termina con una comisión que les ordena salir. Para ello, Jesús les da el Espíritu Santo.

Con demasiada frecuencia, la iglesia y los cristianos se encierran, por así decir, dentro de sus cuatro paredes. No que literalmente cerremos las puertas. Pero sí las cerramos de muchas maneras simbólicas. Así, por ejemplo, tratamos de que las cosas que se discuten «en el mundo» no se discutan en la iglesia. O no nos atrevemos a lanzarnos a una aventura por temor a la crítica de la comunidad o de otras iglesias. O nos limitamos a reunirnos siempre con las mismas personas, haciendo poco por traer a otras personas que podrían decir o pensar algo nuevo o diferente. Todo esto es semejante a la actitud de aquellos discípulos, encerrados «por miedo a los judíos».

Pero lo cierto es que cuando Jesús viene a nosotros, al tiempo que nos trae paz, nos envía. Nos envía como él fue enviado; es decir, a un mundo donde bien pueden crucificarnos, y donde al menos nos criticarán o se burlarán de nosotros. Jesús nos envía como él fue enviado; es decir, a predicar, sanar, sacudir a los que están demasiado cómodos en una religiosidad ritual y sin compromiso con el prójimo, y de ser necesario a dar nuestra vida por los demás.

Ciertamente, eso es más de lo que ningún ser mortal puede hacer. Y es por eso y para eso que Jesús nos da el Espíritu Santo. Hay quien piensa que la dádiva del Espíritu Santo es para que nos alegremos en ella, y para que hagamos mucho aspaviento sobre lo que hemos recibido. Pero no; la dádiva del Espíritu Santo es para que vayamos adonde Jesús nos envía, y hagamos como él hizo.

ACTÚE: Reúna a un grupo de líderes de su iglesia para discutir cuál ha de ser la misión de su iglesia en el lugar donde está. Si ya se ha hecho una «declaración de misión», estúdiela de nuevo, para ver en qué formas su iglesia puede salir al mundo, enviada por Jesucristo, con el poder del Espíritu Santo, para dar testimonio del que nos envió.

Anote sus reflexiones. Continúe la discusión hasta que se vean los resultados.

Tercer día   *Lea* Juan 20:24-31

VEA: Una vez más nos encontramos con Tomás, «llamado Dídimo»; es decir, «gemelo». Anteriormente le vimos como el discípulo arrojado y solidario que cuando Jesús decidió regresar a Judea a raíz de la resurrección de Lázaro, les dijo a los demás que debían todos ir con Jesús, aunque fuera arriesgando sus vidas. Ahora le vemos en el episodio que le ha hecho famoso: su duda.

El texto nos dice que Tomás no había estado en el lugar donde Jesús apareció entre sus discípulos. Luego, su duda no se debe a que sea más incrédulo. El texto no nos dice que fuera más incrédulo, ni tampoco menos crédulo. Nos dice sencillamente que no estuvo presente en aquella aparición de Jesús, y que por tanto les dijo a los demás que él no creería hasta tener mejores pruebas. En una frase algo hiperbólica, declara que se niega a creer hasta tanto no meta el dedo en el lugar de los clavos, y la mano en la herida en el costado de Jesús.

Ahora, «ocho días después» (es decir, el próximo domingo), otra vez están reunidos los discípulos. Una vez más, las puertas están cerradas. Una vez más, Jesús se presenta en medio de ellos y les saluda: «Paz a vosotros».

Entonces le ofrece a Tomás que haga exactamente lo que dijo que tendría que hacer antes de creer: meter la mano en su costado. Empero Tomás sabe que es Jesús, y en lugar de insistir en su incredulidad declara: «¡Señor mío, y Dios mío!» A lo que Jesús responde con una palabra general para quienes vendríamos después: «bienaventurados los que no vieron, y creyeron».

El pasaje termina con una nota del evangelista diciendo que pudo haber escrito muchas cosas más, pero que con éstas debe bastar para creer y para tener vida en el nombre de Jesús.

JUZGUE: Volvemos sobre el tema, que aparece varias veces en el Evangelio de Juan, de la relación entre la fe y las pruebas. La misericordia de Jesús es tal que se le aparece a Tomás y deshace sus dudas. Pero al mismo tiempo, Jesús insiste en que son bienaventurados quienes no vieron y sin embargo creyeron.

Muchas veces pensamos que las personas que están siempre hablando de las maravillas que vieron, de algún acto extraordinario que Dios hizo, de una curación milagrosa, o de algo por el estilo, tienen más fe que el resto de los creyentes. Pero quizá a veces sea lo contrario. Quizá lo que sucede es que tales personas necesitan más pruebas para creer. En tal caso, los milagros y visiones, más que una señal de fe extraordinaria, son señal de lo contrario. Quien tiene fe no necesita de milagros para creer.

Por otra parte, lo que también sucede es que quien tiene fe, ve milagros que otras personas no ven. Ya sobre esto tratamos hace un par de días. Pero volvamos sobre ello. Cuando tenemos fe, le atribuimos a Dios mucho de lo que los incrédulos le atribuyen al azar o a puras causas naturales.

Finalmente, hay que recordar que la fe no es creencia en los milagros ni en el evangelista que ora por un milagro. La fe es siempre fe en Jesucristo y en el Padre y el Espíritu Santo. Es fe en Dios; no fe en nosotros, ni siquiera fe en nuestra propia fe.

ACTÚE: *Ore:* Creo, Señor; ayuda mi incredulidad. Creo, Señor; ayuda mi incredulidad. Creo, Señor; ayuda mi incredulidad. Amén.

En el curso del día, repita esa oración de vez en cuando. Anote el resultado mañana.

Cuarto día   *Lea* Juan 21:1-14

VEA: Llegamos a la última de las manifestaciones del Jesús resucitado que Juan nos narra, y a la cual dedicaremos hoy y dos días más. El lugar es el mar de Galilea, cerca de la ciudad de Tiberias, con la cual nos hemos topado antes en nuestro estudio. Aunque Juan no nos ha dicho cómo ni cuándo, los discípulos (o al menos estos siete) han regresado a Galilea y a su ocupación de pescadores.

Quienes antes dejaron sus ocupaciones para seguir a Jesús, y anduvieron con él por largos meses hasta llegar a los acontecimientos de Jerusalén, al parecer han decidido volver a su rutina. Es Pedro quien, como tantas otras veces, lleva la voz cantante: «Voy a pescar». Enseguida se le unen los otros seis, y todos ellos pasan la noche pescando; pero no pescan nada.

Entonces llega Jesús, quien sin darse a conocer, primero les pide comida y luego dice que echen la red a la derecha de la barca. La pesca es asombrosa, y ante tal maravilla es Pedro quien primero reconoce a Jesús, se viste, y se lanza al mar para llegar más pronto a su Maestro, mientras los demás le siguen con la barca, la red y su enorme pesca.

Cuando por fin todos llegan a la costa (incluso la barca, la red y los 153 peces que pescaron), Jesús se vuelve el anfitrión de una cena.

JUZGUE: Aunque de momento no lo parezca, quizá éste sea el pasaje más triste de todo el Evangelio de Juan. Estos discípulos han visto a su Señor crucificado y resucitado. El Señor les ha dado una comisión, enviándoles como él fue enviado. El Señor les ha dado además de su Espíritu para que puedan cumplir con esa comisión. Y, ¿qué hacen los discípulos? Se van a pescar otra vez frente a Tiberias, como si nada hubiera sucedido.

Volver a la rutina es la más triste señal que cualquier creyente puede dar de falta de fe. Después de los acontecimientos de aquel Domingo de Resurrección, volver a pescar es casi un insulto a la memoria de Jesús, y una negación del Espíritu que él les dio. Después de estudiar TRES MESES EN LA ESCUELA DE JUAN, si nuestra vida no ha cambiado, si no hemos hecho compromisos nuevos, si no estamos dispuestos a comprometernos de manera más completa, somos como Pedro y sus compañeros, que sencillamente volvieron a sus barcas, sus redes y su pesca.

A veces hay señales de que es esto lo que estamos haciendo. Los siete discípulos no lograron pescar nada. A veces la rutina que antes nos pareció tan buena y productiva, pierde su interés. Pasamos días, semanas y meses sin «pescar nada»; es decir, sin obtener satisfacción alguna en lo que estamos haciendo. En tal caso, es hora de echar las redes en otro sitio, y ver si el Señor nos está llamando a otra cosa que no es la rutina en la cual estamos tan tranquilos, pero tan insatisfechos.

ACTÚE: Hace dos días empezó usted a preguntarse si alguna mujer o jovencita de su iglesia estaba llamada al ministerio pastoral o a algún otro tipo de ministerio. Hoy le invitamos a considerar lo siguiente: Dios le llama a usted al ministerio. De esto no hay duda. Dios llama a todos los creyentes al ministerio. La pregunta es a qué clase de ministerio Dios le está llamando. ¿Será a lo que hace actualmente? ¿Será a otra cosa? Anote sus reflexiones. Ore al respecto. Consulte con otras personas en su iglesia.

❧❧❧●❧❧

Quinto día   *Lea* Juan 21:15-19

VEA: El pasaje continúa la escena que estudiamos ayer. Todavía están junto al lago, donde acaban de comer. Jesús le pregunta a Pedro tres veces si le ama. En cierto modo, esta triple pregunta, que conduce a la triple afirmación de Pedro, es la contraparte de la triple negación de Pedro. Después que el discípulo le negó tres veces, Jesús le da la oportunidad de afirmarle tres veces.

Ahora bien, esa afirmación tiene que ir más allá de las meras palabras. Por ello, todo el diálogo culmina con el mandato/invitación de Jesús: «Sígueme». Dado lo que le antecede, ese «sígueme» implica al menos dos cosas. Primero, amarle y por tanto apacentar sus corderos. No se olvide que el Evangelio de Juan empieza diciendo que Jesús es el Cordero de Dios. Ahora Jesús llama a sus discípulos sus corderos. Es decir, que en cierto sentido son sus compañeros, sus hermanos en la gran tarea de salvar al mundo. Segundo, cuando Jesús le dice a Pedro «sígueme», le está invitando literalmente a tomar su cruz. Nótese que esta palabra viene después de las otras, en los versículos 18-19, en las que Jesús le anuncia a Pedro que ha de morir como mártir. Seguirle implica que llegará el momento cuando Pedro no será dueño de su propia vida, de igual modo que Jesús tuvo que entregar su vida en la cruz: «Mas cuando ya seas viejo, extenderás tus manos, y te ceñirá otro, y te llevará a donde no quieras» (21:18).

JUZGUE: Seguir a Jesús quiere decir ante todo apacentar sus corderos. No se puede ser creyente solo y por cuenta propia. Ser cristiano o cristiana requiere ocuparse de los demás que son igualmente corderos de Jesús, que como él están envueltos en la ardua tarea de enfrentarse a las fuerzas del mal.

Tristemente, en nuestros días se ha popularizado en demasía la religión privada. Hay quien va a la iglesia mirando la televisión; y esto, no porque esté enfermo o desvalido, sino sencillamente por no tomarse la molestia de salir a la calle y congregarse con otros creyentes. Es un tipo de cristianismo en que el creyente quiere constantemente que le apacienten, pero no está dispuesto a apacentar a otras personas.

Lo triste está en que la fe cristiana es tal que es alimentando a otras personas que nos alimentamos a nosotros mismos. Luego, quien se queda en casa oyendo a un predicador por televisión, por muy bueno que el predicador sea, acaba espiritualmente desnutrido y endeble. Hay que ir adonde hay otros corderos que también necesitan alimento y cuidado. Es allá adonde Jesús nos invita cuando nos dice «sígueme».

También nos invita a la entrega total, hasta la muerte de ser necesario. Una vez más, esa entrega total no se alcanza sentado en casa mirando la televisión. Se alcanza más bien poniendo por obra el evangelio, testificando, tratando de que haya más justicia.

ACTÚE: Hágase el propósito, en las próximas veinticuatro horas, de llamar o visitar por lo menos a otras dos personas, creyentes como usted, para «apacentarse» mutuamente.

Sexto día   *Lea* Juan 21:20-24

VEA: Al parecer Jesús ha empezado a caminar, y tras él marcha Pedro. Pero Pedro se vuelve, y ve que también les sigue el discípulo que este Evangelio nunca nombra, pero que probablemente sea el mismo Juan. La pregunta de Pedro no indica necesariamente celos porque Juan también sigue al Maestro. Se refiere más bien a lo que Jesús acaba de predecirle acerca de lo que ha de sucederle cuando sea mayor. Pedro ha escuchado la desconcertante noticia de que le esperan sufrimientos parecidos a los de Jesús. Ahora, al ver a Juan, quiere saber si lo mismo es cierto de este otro discípulo. Jesús no le contesta, sino que le dice que cómo ha de terminar la vida de Juan no es asunto que deba preocupar a Pedro. Lo que Pedro tiene que hacer es seguirle.

Al parecer, en la iglesia antigua corrían rumores de que Jesús había dicho que Juan no moriría, sino que viviría hasta ver el retorno de Jesús. (Esa tradición cobró tal fuerza, que por siglos existió una leyenda según la cual en la tumba de Juan, en Éfeso, se podía ver la tierra moverse, porque Juan continuaba respirando bajo ella.) El versículo 23 se ocupa de la supuesta promesa de que Juan no moriría, y la desmiente.

JUZGUE: La preocupación de Pedro se entiende. Jesús le acaba de predecir el martirio, y él quiere saber qué les ofrece el futuro a sus compañeros, en especial a Juan. El problema está en que esa clase de preocupaciones, en lugar de fortalecer el discipulado, lo debilitan. Nuestra tarea no es conocer el futuro. El futuro está en manos del Señor. Nuestra tarea es ser obedientes en el presente, de modo que cuando llegue el futuro nos encuentre listos.

Desafortunadamente, en nuestras iglesias hispanas se pierde muchísimo tiempo tratando de averiguar el futuro, y a veces se le dedica menos atención a la obediencia presente. Así, aunque Jesús les dijo repetidamente a sus discípulos que la hora o el día de su retorno no era cuestión de su incumbencia, ha habido cientos de maestros, intérpretes de la Biblia y supuestos visionarios que han pretendido saber la fecha de ese retorno. Todas las fechas que han dado han ido pasando, y lo único que ha quedado es una larga historia de curiosidad inútil, de expectaciones fallidas y de falta de obediencia.

Lo que ha de importarnos no es cómo va a morir el hermano Federico ni si la hermana María Elena va a hacer un viaje. Eso es cuestión de astrólogos y adivinos. Lo que ha de importarnos es ser obedientes y llamar tanto al hermano Federico como a la hermana María Elena a la obediencia.

ACTÚE: Si ha sentido usted la tentación de acudir a esos «profetas» y «videntes de turno», que se dedican a adivinar el futuro, sepa que su futuro está seguro en las manos de Dios. Usted no tiene que preocuparse por su futuro. Lo que sí tiene que preocuparle es seguir a Jesús todos los días, tanto hoy como en el futuro. Escriba y luego repita una oración consagrándose a Jesús y pidiéndole que él le guíe, tanto hoy como mañana.

VEA: El versículo es bien breve. El autor del Evangelio de Juan nos dice que lo que ha narrado es sólo una fracción de las muchas cosas que Jesús hizo, y que si esas cosas «se escribieran una por una, pienso que ni aun en el mundo cabrían los libros que se habrían de escribir».

JUZGUE: Llegamos al final de nuestro estudio sobre el Evangelio de Juan. Pero el propio evangelista nos advierte que su libro no contiene todo lo que pudiéramos saber acerca de Jesús.

Esto es cierto por las siguientes dos razones:

La primera es que si, como dice el Evangelio de Juan, «todas las cosas por él fueron hechas», las acciones de nuestro Señor, son tales que todo cuanto se pueda contar o decir sobre lo que ha sido hecho es en algún modo acción suya. Luego, cuando un científico escribe sobre cómo funcionan los átomos, está hablando sobre la obra de este Verbo que se hizo carne en Jesús. Cuando una cámara montada en un cohete nos envía fotos de Júpiter, estamos viendo parte de la obra de Jesús. Cuando un niño de unos pocos meses sonríe, estamos viendo parte de la obra de Jesús.

En segundo lugar, aun dejando a un lado esas dimensiones cósmicas del Verbo, lo que Juan dice nos recuerda que lo que Jesús hizo no terminó con su resurrección y ascensión. Jesús ha continuado trabajando y actuando a través de sus discípulos. A través de sus miles y millones de discípulos, Jesús ha confrontado dictadores muchísimos más poderosos que Poncio Pilato. Jesús ha construido miles de hospitales y sanado a millones de pacientes. Todos los días Jesús alimenta multitudes mucho mayores que aquélla junto a Tiberias. Jesús ha construido y sostenido orfanatorios, sanatorios, hogares de ancianos, escuelas y universidades, movimientos para abolir la esclavitud, para devolverles sus derechos a las mujeres, para destruir el racismo, y así sucesivamente.

Si Juan escribió veintiún capítulos sobre Jesús, la iglesia ha seguido escribiendo otros capítulos, de modo que todos nosotros somos parte del evangelio de nuestro Señor Jesucristo, que se sigue escribiendo y se seguirá escribiendo hasta que al Señor le plazca ponerle fin a nuestra edad.

ACTÚE: *Ore:* Gracias, Señor mío, por tu evangelio. Gracias por el libro de la Biblia que acabo de estudiar. Gracias, porque mi nombre está escrito en el libro de la vida. Toma mi vida, y con ella escribe unas líneas más, aunque no sean muy hermosas ni luminosas, de la gran historia de tus hechos en pro de la humanidad. Amén y amén.

PARA EL ESTUDIO EN GRUPO: Tras una discusión sobre el modo en que Jesús ha seguido y sigue actuando en la historia hoy, invite al grupo a evaluar el trimestre que acaba de pasar. Luego, invíteles a hacer planes para continuar algún estudio al terminar éste.